DEIN GIN DES LEBENS!

Das große Gin Buch: Über 100 Cocktail Rezepte zum selber mixen

1 Auflage

Inhaltsverzeichnis

Gin ist im Trend!

Keine andere Spirituose hat in den vergangenen zehn Jahren so ein grandioses Comeback hingelegt wie der **Gin**. Lange galt er als ein altmodisches Getränk. Eines, das mit Schwarzweißfilmen, spröden, englischen Gentlemen Clubs und vor allem mit älteren Männern assoziiert wurde. Eines, dessen einziger Champion in der Popkultur **James Bond** zu sein schien.
Doch plötzlich gilt all das als geradezu **blasphemisch**, denn der **Gin** ist nicht nur zurückgekommen, er ist auf dem Weg zu einer Popularität, wie er sie seit den Zeiten des British Empire nicht mehr gekannt hat. Überall in Deutschland, ja in der **ganzen Welt**, entstehen kleine, regionale Distillerien, die dem Klassiker neues Leben einhauchen. Kein Wunder, denn der Gin ist eine ganz besondere Spirituose: Seine Rezeptur bietet so viele **Möglichkeiten** und **Spielräume**, sodass eine Angebotspalette entstanden ist, wie sie sonst nur beim Wein vorzufinden ist.

Gab es überhaupt jemals eine bessere Zeit, um ein **Gin-Trinker** zu sein oder einer zu werden? Die deutliche Antwort vieler Barkeeper, Gin Start Ups und Cocktail-Fans muss natürlich **NEIN** heißen. Denn dem Gin-Revival folgt auf dem Fuße die Wiederbelebung der klassischen Barkultur und eine lange nicht gekannte Kreativität in der Cocktail-Szene. Der Gin wird nämlich, trotz seines aromatischen Geruchs und Geschmacks eher selten pur oder auf Eis genossen. Viel häufiger ist er Haupt- oder Nebendarsteller in einem Longdrink oder Cocktail.

"*Drei Teile Gordon's, ein Teil Wodka und einen halben Teil Kina Lillet,*" so bestellt **007** seinen Lieblingsdrink in „**Casino Royal**" zum ersten Mal in Flemmings Romanreihe. Geschüttelt, nicht gerührt. Gordon`s , damit ist natürlich *Gordon`s London Dry Gin* gemeint. Eine weltweit bekannte Marke, die es auch in Deutschland in jedem Supermarkt günstig zu erwerben gibt. Bond schuf damit eine der älteren unter den vielen Spielarten des **Dry Martini**, welche heute unter dem Namen **Vesper Martini** in den Bars serviert wird.

Gin-Cocktails wie der ***Martini***, der ***Gin Fizz*** oder der ***Gin Tonic*** zählen zu den absoluten Stars ihrer Branche. Andere klassische Cocktails wie der ***Aviation*** oder ***Bees Knees*** waren lange nur echten Gin-Fans bekannt und kommen in den letzten Jahren wieder in Mode. Dazu gesellen sich sowohl spannende Newcomer wie der ***Gin Basil Smash*** als auch zahlreiche neue Interpretationen alter Klassiker wie der ***Breakfast Martini***.

In diesem Buch sind sie alle versammelt. Doch bevor es ans Ausprobieren der über ***100 Cocktail-Rezepte*** geht, müssen wir über den **Gin** sprechen. Darüber wo er herkommt, was ihn so besonders macht und vor allen Dingen: **wie man ihn richtig genießt!**

Die Geschichte des Gins

Obwohl die Geschichte des Gins eng mit England und insbesondere der Stadt London verbunden ist, liegen seine Wurzeln in den Niederlanden des 16. Jahrhunderts. Einem Land, in dem reichhaltige Wacholderernten zusammen mit einem regen Gewürzhandel mit Südostasien Menschen auf die Idee brachte, simple Brände aus Weizen, Gerste oder Roggen mit eben jenen Zutaten zu aromatisieren. Und so den dort noch heute beliebten Genever zu erfinden.

Nach England kam der Genever erst dank Königin Elizabeth I. Nicht dass sie dies beabsichtigt hatte, als sie 1585 ihr Militär entsandte, um den protestantischen Niederländern im Unabhängigkeitskampf gegen die katholischen Spanier zu Hilfe zu eilen. Aber die englischen Soldaten lernten an der fremden Front den Genever, den sie auch als „Dutch Courage" (holländicher Mut) bezeichneten, schätzen und brachten ihn nach getaner Arbeit mit in die Heimat. Dort konnte nun endlich Geschichte des Gins, wie wir ihn heute kennen, beginnen.

Als der Holländer William III. von Oranien-Nassau etwa 100 Jahre später König von England wurde, verhalf er dem Getränk, dessen Name umgangssprachlich in der Zwischenzeit zu Gin abgekürzt worden war, zu seinem endgültigen Durchbruch auf der Insel. Er erhob hohe Steuern auf ausländische Brände und Bier, machte aber den aus englischem Getreide gebrannte Gin steuerfrei. Schnell breiteten sich die „gin shops“ weiter über England aus. London allein beherbergte bald über 7000 von ihnen.

Doch nicht alle waren begeistert vom Siegeszugs des Gins. Bis 1750 war der Pro-Kopf-Verbrauch von Gin in England auf 60 Liter angestiegen und der Alkoholismus wurde zum öffentlichen Problem. Die Regierung setzte in zahlreichen Gin Acts zwischen 1736 und 1751 auf Steuererhöhung und strikte Schanklizenzauflagen.

Zwar konnte dies den Gin nicht gänzlich verschwinden lassen, aber es sollte noch mehr als ein Jahrhundert dauern bis die US-amerikanischen Prohibitionsgesetzte ihm zu seiner zweiten großen Blütezeit verhalfen. Gin war vergleichsweise einfach herzustellen. Das brennen des billigen Basisalkohols erforderte wenig Ausrüstung und konnte gut in versteckten Hinterzimmern erfolgen. Die dabei entstehende schwankenden Qual ität und der manchmal fragwürdige Geschmack wurden anders als bei anderen Bränden zumindest teilweise durch die Aromen der Zusatzstoffe verdeckt. Der Gin wurde das Lebenselixier der Speakeasies.

Als der 21. Zusatzartikel zur Verfassung die Prohibition 1933 in den USA aufhob, soll, so will es die Legende, der damalige Präsident Franklin D. Roosevelt darauf mit einem Martini angestoßen haben. Die während der vorangegangenen Jahre entstandene und nun legitimierte Bar- und Cocktailkultur zog um in die besten Lagen der großen Städte und in die feinen Hotels. In dieser zweiten Hochzeit entstanden fast alle klassischen Gin

Cocktails, wie der Martini, der Tom Collins, der Gibson und der Pink Gin.

Das kleine Gin 1x1

Um den Gin und vor allem die Gin-Liebhaber zu verstehen, braucht es im Vergleich zu Wein oder Whiskey recht wenig Fachjargon, einige wenige Gin-spezifische Begriffe tauchen allerdings immer wieder auf und sind auch für Hobbytrinker von Interesse. Deshalb sind hier die wichtigsten Gin Vokabeln kurz aufgeführt und erklärt.

Botanical: Als Botanicals bezeichnet man die verschiedenen pflanzlichen Zutaten, mit welchen der Basisalkohol aromatisiert wird, um einen Gin herzustellen. Beliebte Botanicals sind neben dem obligatorischen Wacholder u.a. Koriander, Süßholz, Zitronenschale, Mandeln oder Engelwurz. Insgesamt gibt es weit über 100 verschiedene Botanicals, darunter Früchte und Samen, Wurzeln und Rinden, die in den verschiedenen Gins Verwendung finden. Bei den klassischen Dry Gins und London Dry Gins sind es selten mehr als ca. 10 pro Rezeptur. Bei den neueren New Western Dry Gins kann dieses ganz anders aussehen.

Compound: Als Compound Gin wird ein nur einfach gebrannter Gin bezeichnet, der durch reines Einlegen und Ziehenlassen von Botanicals aromatisiert, aber nicht nochmals gebrannt worden ist. Das Compound Verfahren gilt als weniger hochwertig als der Standard der Zweifachbrennung. Einen Compound Gin erkennt man an seiner Farbe, da die eingelegten Pflanzenstoffe neben den Geschmacks- auch Farbstoffe an den Alkohol abgeben, und er somit anders als nochmals destillierte Gins keine klare Spirituose ist.

Genever: Der Genever ist ein Vorläufer des modernen Gins, der vor allem in den Niederlanden und Belgien produziert und konsumiert wird. Der Unterschied zum Gin liegt im Herstellungsverfahren. Die Basis des Genevers ist eine Getreidemaische, üblicherweise aus Korn, Roggen oder Gerste. Erst im zweiten Schritt, nach einer kurzen Lagerung, wird diese mit einem klaren, hochprozentigen Destillat (Genever hat einen Alkoholgehalt von mindestens 37,5%) vermengt, welches mit Kräutern, Früchten und Gewürzen, aber vor allem mit Wacholder aromatisiert ist. Dieses Destillat selbst ist dem Dry Gin schon sehr ähnlich, in der Kombination mit der Maische ergeben sich aber dennoch klare Unterschiede in Geschmack und Farbe zwischen Gin und Genever.
Genever und demzufolge auch die Kurzform Gin leiten sich ab von dem französischen Wort genièvre für den Wacholder.

Juniper Forward: Juniper ist das englische Wort für Wacholder und ein juniper-forward Gin ist sehr wacholderlastig im Geschmack.

Navy Strength: Die Bezeichnung Navy Strength auf einem Gin weist auf einen deutlich erhöhten Alkoholgehalt hin. Sie geht zurück auf die Zeit, in welcher Gin auch als Medizin gegen zahlreiche Beschwerden galt und englischen Seefahrern in rauen Mengen mitgegeben wurde. An Bord eines Schiffs, das seinen Gin-Vorrat direkt neben dem Schießpulver lagerte, fand man durch Zufall heraus, dass mit Gin befeuchtetes Pulver sich dennoch entzünden lässt.

sofern der Alkoholgehalt des Gins deutlich über 50% liegt, Fortan nutzen die Navy Offiziere diesen kleinen Test, um sicher zu stellen, dass sie ausschließlich „navy strength" Gin für ihre Mannschaft erwarben.

Reserve: Dies ist eine Bezeichnung aus der Wein- und Whiskeyproduktion, die für einen hohen Qualitätsstandard steht. Genauer für eine Reifung im Holzfass über mehrere Jahre. Zunehmend findet man Reserve auch auf Gin-Etiketten. Obwohl es am Markt mittlerweile auch kurz in Fässern gereifte Gin-Sorten gibt, ist der Begriff in Bezug auf Gin rechtlich nicht geschützt und hat keinerlei einheitliche Bedeutung.

Die Herstellung des Gins

Gin besteht aus einem neutralen Basisalkohol und einer Mischung aus pflanzlichen Zusatzstoffen, welche Botanicals genannt werden. Bei der Alkoholbasis spielt es keine Rolle, ob sie aus Weizen, Kartoffeln, Reis oder anderem gebrannt ist. Die meisten Gin-Sorten beginnen jedoch einmal als Weizenalkohol.

Im Gegensatz zu Herstellern anderer hochwertiger Spirituosen wie z. B. Whiskey, verzichten viele Gin-Macher darauf ihren eigenen Alkohol zu brennen und kaufen stattdessen reinen Weizenalkohol mit einem Alkoholgehalt von mindestens 96% in großen Mengen ein und re-destillieren diesen.
Dazu wird dem Alkohol Wasser beigemischt, um ihn zu einer etwa 45% Lösung zu verdünnen, bevor er in einem zweiten Arbeitsschritt mit den Botanicals infusioniert wird.

Um die Aromen aus den Botanicals zu lösen und in den Gin einzubringen haben sich zwei Verfahren durchgesetzt. Die Mazeration und die Perkulation. Für beide Prozesse werden die pflanzlichen Zutaten zuerst getrocknet und zerkleinert, damit sich die Geschmacksstoffe aus den Fasern lösen können.

Bei der Mazeration werden die Botanicals, meistens in kleinen Beuteln, direkt in den Alkohol eingelegt, um die Aromastoffe in die Flüssigkeit auszuziehen. Dieser Vorgang kann je nach Hersteller nur ein paar Stunden oder auch mehrere Tage andauern. Im Anschluss wird der Alkohol zum zweiten Mal gebrannt.

Bei der Perkulation werden die Botanicals während des Destillationsvorgangs selbst in den Gin eingebracht. Sie werden entweder direkt in die Brennblase gehängt oder auf einem Sieb über der Flüssigkeit ausgebreitet, so dass beim Erhitzen der verdampfende Alkohol ihre Aromen annimmt.

Nach dem zweiten Brennvorgang erfolgt in jedem Fall eine weitere Zugabe von Wasser, um das Endprodukt auf den gewünschten Alkoholgehalt von um die 40% zu bringen. Dieser Schritt wird Herabsetzen genannt.

Bei der Auswahl der Botanicals werden der Fantasie wenig Grenzen gesetzt. Sie müssen, wie der Name sagt, pflanzlichen Ursprungs sein und die Wichtigste unter ihnen ist immer der Wacholder. Die meisten Gin-Hersteller reden gerne über die Auswahl und die Qualität ihrer Botanicals. Auch wenn ihr genaues Rezept natürlich ein gut gehütetes Geheimnis bleibt.

Die verschiedenen Gin Arten

Gin ist nicht gleich Gin. Es gibt große Unterschiede in Herkunft, Herstellungsverfahren und Auswahl der Botanicals. Gemein ist allen Varianten, dass sie aus einem mit Wacholder und weiteren pflanzlichen Zusatzstoffen aromatisierten Alkohol bestehen und (qua Gesetz) mindestens 37,5% Alkoholgehalt aufweisen. Im wesentlichen dominieren drei Stile den heutigen Gin-Markt: der Dry Gin, der Distilled Gin und der London Dry Gin. Es gibt aber auch noch einige weniger verbreitete Sorten.

Der *London Dry Gin* ist heute der Standard für Gin. Fast alle herkömmlichen Marken aus dem Supermarktregal oder dem Duty Free Shop fallen in diese Kategorie. Beim London Dry Gin handelt es sich um einen trockenen Gin mit sehr stark ausgeprägtem Wacholderaroma. Die Zugabe weiterer Botanicals unterliegt strengen Auflagen. Um sich als London Dry Gin bezeichnen zu dürfen, darf ein Gin keinerlei künstliche Aromen oder mehr als 0,5 Gramm Zucker pro Liter enthalten.

Der *Dry Gin* ist neben dem London Dry Gin die am meisten verkaufte Gin-Sorte der Welt. Viele der neuen, aufstrebenden und regionalen Gin-Marken sind Dry Gins. Es handelt sich beim Dry Gin, wie der Name es vermuten lässt, um einen trockenen Gin, der für gewöhnlich mit einer sehr ausgeprägten Wacholder-Note daherkommt. Er unterscheidet sich vom London Dry Gin durch eine größere Palette erlaubter Botanicals und enthält häufig Zitrus- oder andere Fruchtaromen.

Der *Distilled Gin* trägt seinen Namen, da er gleich zweimal gebrannt wurde. Natürlich ist eigentlich jeder Gin distilled Gin im eigentlichen Sinne, dennoch darf das Label nur ein Gin tragen, welcher zwei Destillationsprozesse hinter sich gebracht hat und danach nicht weiter aromatisch bearbeitet worden ist. Es ist also ein Kennzeichen für einen hochwertigen Gin.

Der *Old Tom Gin* ist historisch betrachtet ein Vorfahre des London Dry Gins. Die weniger talentierte Brennmeister erzeugten ein qualitativ schwankendes und manchmal schwer genießbares Produkt, dem Zucker zugesetzt wurde um den stark alkoholischen Geschmack zu maskieren. Der Old Tom ist deshalb ein besonders süßer Gin, der nach der Erfindung der Brennsäule aus der Mode gekommen war, heute aber ebenfalls ein Comeback feiert. Er eignet sich besonders für die Verwendung in süßen Cocktails.

Der *Sloe Gin* ist eher ein Likör denn ein Gin. Geschmacklich und farblich wird der Sloe Gin dominiert von der Schlehe (Sloe) statt vom Wacholder. Meistens hat er einen eher süßen Geschmack. Da er im Schnitt einen Alkoholgehalt von nur 30% aufweist, gilt er auch gesetzlich nicht als Gin.

Der *New Western Dry Gin* ist eine eher freie und locker definierteKategorie. Es ist der Name, den sich eine Reihe von Gin-Marken des 21. Jahrhunderts gegeben haben, die zwar in der Tradition des Dry Gins verhaftet bleiben, sich allerdings nicht den Beschränkungen, denen z. B. ein London Dry Gin unterliegt, unterwerfen. Dank des derzeitigen Booms in der Gin-Branche und des Entstehens zahlreicher neuer, regionaler und unabhängiger Gin Start Ups verwischen die Grenzen zwischen den Gin-Stilen und es entstehen spannende neue Interpretationen und Hybriden.

Achtung! - Das sollten Gin Trinker unbedingt vermeiden!

Wenn man nicht gleich als blutiger Anfänger oder Laie ausgemacht werden will, kann man versuchen die folgenden Fehler in Gegenwart von wahren Gin-Liebhabern zu vermeiden:

1. Das falsche Glas

Dass man einen Singapore Sling nicht im alten Senfglas mit Mickey Mouse-Aufdruck anbieten sollte, darauf kommen die allermeisten Menschen selbst. Trotzdem greift man im entscheidenden Moment lieber auf ein allgegenwärtiges Highballglas zurück als sich Gläser anzuschaffen, die man vielleicht nie wieder brauchen wird. Gerade beim Genuss von Cocktails, speziell des Martinis, ist dies aber ein unverzeihlicher Fauxpas! Welche Gläser echte Gin-Liebhaber im Haus haben sollten und auf welche man getrost verzichten darf, erfahren sie im 9. Kapitel.

2. Zu warm, zu kalt

Die richtige Trinktemperatur für einen Dry Gin liegt bei ca. 16-18 Grad Celsius. So will es die Faustregel. Natürlich gibt es auch immer etwas Spielraum, aber allzu warm, also bei mehr als 20 Grad Celsius, genossen, überlagert die Schärfe des Alkohols die vielfältigen Aromen des Gins. Wer auf der anderen Seite zu viel will und das Glas (oder den Cocktailshaker) mit Eis überlädt, der verwässert seinen Drink und hat ebenso wenig vom Gin-Geschmack.

3. Jeden Cocktails mit dem selben Gin mixen

Ein guter London Dry funktioniert in fast jeder Rezeptur. So weit, so gut. Wer seine Gäste wirklich beeindrucken will, stimmt allerdings das Geschmacksprofil des Gins auf seinen Cocktail ab. Dazu ist es unumgänglich den Gin auch einmal pur zu probieren.

4. Das Tonic Water vernachlässigen

Ein typischer Fehler von Gin Tonic-Trinkern ist es, sich zwar einerseits durch sämtliche Gin-Sorten zu probieren, andererseits aber über das Tonic Water gar nicht nachzudenken. Eigentlich sollte es augenfällig sein, dass der Mixer einen riesigen Einfluss auf den Geschmack eines Longdrinks hat. Aber Schweppes hat eine ähnliche Vormachtstellung auf dem Markt der Tonic Water erobert wie sie auch Coca Cola für viele anderen Longdrinks inne hat. Selbst wer grundsätzlich zufrieden mit seinem Tonic Water ist, sollte bei Gelegenheit auch mal einem anderen eine Chance geben. Es könnte überraschen. Zumal sich in den letzten Jahren im Zuge des Gin-Revivals auch auf dem Tonic-Markt viel tut.

5. Sich an alle Regeln halten

Jetzt, nachdem sie die wichtigsten Regeln kennen, sind sie bereit die Regeln zu beugen. Den der bei weitem wichtigste Aspekt des Gin-Trinkens ist der eigene Genuss. Die wichtigste Regel: Trinken sie ihren Gin genauso wie er Ihnen am besten schmeckt!

Gin Tasting and Nosing

Kaum eine Spirituose kann mit so vielen verschiedenen und raffinierten Geschmacksprofilen aufwarten wie der Gin. Aus weit mehr als 100 Botanicals kann ein Gin-Macher wählen, bevor er versucht sie im perfekten Zusammenspiel zu arrangieren. Das macht einen guten Gin zu einem wahren Kunstwerk. Und dennoch wird Gin nur selten pur getrunken und wirklich geschmeckt. Ein Fehler, denn wer seinen persönlichen Lieblings-Gin finden möchte, der kommt um ein Verkostung nicht herum.

Für ein improptu Tasting & Nosing zuhause bedarf es nicht unbedingt einer besonderen Ausstattung. Kenner wissen die Hilfe eines Nosing-Glases zu schätzen. Es hat einen bauchigen Unterteil, der für die Entfaltung ideal ist, verengt sich aber zum Rand und bündelt so die Aromen zur Nase hin.

Am besten beginnt man beim Gin mit dem Nosing. Ein ungeübter Gaumen wird schnell überwältigt von dem starken Alkoholgeschmack hochprozentiger Spirituosen und ohnehin finden 90% des Geschmackserlebnisses über den Geruchssinn statt.
Zum Nosing gibt man den Gin bei Zimmertemperatur in ein bauchiges Glas. Ein spezielles Nosing-Glas, wenn vorhanden, einen Cognac-Schwenker oder ein Rotweinglas. Das Glas nah an die Nase heranführen und einatmen. Zwischendurch das Glas immer mal wieder wegnehmen und normal atmen, um dann zum Gin zurückzukommen. Schon in der Nase eröffnen sich sofort die kräftigen Aromen eines Gins.

Schwarzer Pfeffer, Pinien, Pfirsich, Zitrone, aber allen voran der Wacholder.

Beim anschließenden Tasting wird ein kleiner Schluck Gin genommen, langsam im Mund hin und her bewegt, einige Minuten auf der Zunge gehalten und intensiv geschmeckt. Dies widerspricht dem ersten Instinkt, den die meisten Menschen bei hochprozentigem Alkohol, besonders auf Zimmertemperatur, verspüren. Nämlich ihn sofort hinunterzuschlucken. Aber es lohnt sich. Der Gin entfaltet all seine Nuancen im Mundraum und hinterlässt ein wohlige Wärme auf der Zunge. Schon beim zweiten Schluck tritt der alkoholische Aspekt des Geschmacks in den Hintergrund und der Koster kann sich voll auf die Textur des Gins konzentrieren.

Wer nicht einfach nur einen guten Gin für den persönlichen Bedarf finden oder sich einen Überblick über das typische Barsortiment verschaffen möchte, sondern auch mal ausgefallene, gewagte oder exklusive Gins probieren möchte, der kann an einer professionellen Gin-Verkostung teilnehmen. Sie werden in vielen Bars und Spituosen-Läden angeboten.

Der kleine Einkaufs-Guide

Gin muss kein teures Vergnügen sein. Jeder Supermarkt hat traditionelle Premiummarken in seinen Regalen, an denen nichts verkehrt ist. Denn viel hat sich getan in den letzten Jahren. Das Gin-Angebot des herkömmlichen Einzelhandels ist um vieles differenzierter aufgestellt als noch vor 10 Jahren. Heute deckt es sämtliche Geschmacksrichtungen des Dry Gins, von sehr mild bis hin zu markant, ab und hat sogar kleinere, lokale Marken im Angebot. Diese ist für den Einstieg genau das Richtige.
Am besten beginnt man mit einem klassischen London Dry Gin aus dem mittleren Preissegment. Also nicht gerade die Eigenmarke für 5,99 Euro, aber mehr als 20 Euro für eine 0,7l Flasche muss man nicht gleich investieren.

Danach sieht man, wo die Reise hingeht. Überzeugt der eher klassische, Wacholder-lastige London Dry Gin die Geschmacksnerven restlos oder sollte man als nächstes lieber einem der experimentierfreudigen New Western Dry Gins eine Chance geben.

Denn früher oder später sollte man sich über das Supermarktsortiment hinauswagen, sonst verpasst man den spannensten Teil des Gin-Angebots. Die neuen, aufstrebenden nationalen und internationalen Marken, die den Wacholder etwas aus dem Fokus genommen haben zu Gunsten von Botanicals mit stark regionalem Bezug wie etwa Moorbirke, Kalmus oder Fichtensprossen. Kleinere Gin Distillerien verkaufen ihre Produkte fast immer über einen eigenen Online-Shop oder über größere Anbieter im Internet. Die Flaschengröße bei Craft Gins beträgt häufig nur 0,5 l, worauf man bei der Bewertung des Preises achten sollte.

Empfehlungen für Gin zu geben ist nicht einfach. Guter Gin ist letztendlich nur eine Geschmacksfrage. Etwas, worauf man achten kann, um zumindest einen schlechten Gin zu vermeiden, ist der Alkoholgehalt. Gesetzlich vorgeschrieben sind mindestens 37,5%, besser sind aber 40% und mehr.

Um möglichst viele Gin-Marken kennenzulernen, empfehle ich, außer Haus experimentierfreudiger zu sein und bei jeder Gelegenheit in Bars einem neuen Gin eine Chance zu geben anstatt bei alten Favoriten hängenzubleiben. Auch eine Gin-Verkostung kann eine gute Gelegenheit bieten, neue Marken kennenzulernen und sich mit anderen Gin-Interessierten auszutauschen.

Die perfekte Ausstattung

Für einen ersten Ausflug in die Welt der Gin-Trinker bedarf es keiner voll ausgestatteten Bar. Der klassische Gin Tonic wird im einem Highballglas, wie es sich in jedem Haushalt findet, angerichtet. Eine Eiswürfelform, vielleicht ein paar Strohhalme und eigentlich braucht es nicht einmal so viel. Dennoch wird sich kein Gin-Liebhaber lange damit zufriedengeben, keinen stilechten Martini oder Sling servieren zu können. Deshalb folgt hier eine kleine Warenkunde über all die Gläser, die man für die korrekte Präsentation der gängigsten Gin-Cocktails griffbereit haben sollte.

- Das Martiniglas ist ein trichterförmiges Stilglas, in welchem neben dem namensgebenden Martini auch andere Cocktailklassiker wie der Cosmopolitan serviert werden.

- Das Highball- oder Longdrinkglas ist ein hohes, recht schmales Glas, das sich besonders für Mischgetränke, die mit viel Eis und viel Mixer serviert werden, eignet, z. B. einen Gin Tonic.

- Der Tumbler ist ein kurzes, bauchiges oder kantiges Glas, in dem vor allem Spirituosen pur oder auf Eis serviert werden, aber auch einige Cocktails. Unter ihnen der Bramble.

- Die Cocktailschale, auch Coupeglas genannt, ist ein schalenförmiges Stilglas, das sich besonders für spritzige Sekt- oder Champagnercocktails eignet.

- Das Hurricaneglas ist ein hohes, unten bauchiges und nach oben hin geschwungenes Glas in dem vor allem auffällige Cocktails wie Pina Coladas oder der Singapore Sling angerichtet werden.

- Spezielle Tiki-Becher oder Modeerscheinungen wie Einmachgläser sind eine reine Geschmacksfrage. Wem der Trend gefällt oder wer demnächst eine Cocktailparty mit Tiki-Motto plant, darf zugreifen, sie sind aber nicht unbedingter Bestandteil einer gut sortierten Hausbar.

Neben Gläsern, benötigt der aufstrebende Barkeeper aber noch so einiges andere, bevor es mit dem Cocktailmixen losgehen kann. Vieles ist bereits in jedem Haushalt vorhanden: eine Saftpresse, ein Schneidebrett und verschiedene Messer, im Idealfall ein Mixer oder eine Multifunktions-Küchenmaschine, die dieselben Aufgaben erledigt.

Zum spezielleren Barequipment zählen zunächst ein Rührglas und ein Shaker. Hier bietet sich der Kauf als Kombination in Form eines Boston Shakers an. Ein Barsieb und ein Barmaß (Jigger), welches die beliebten Shotmengen von 2 cl und 4 cl abmisst, sind weitere elementare Bestandteile. Um Stößel und Barlöffel zu ersetzen kann man sich meistens mit bereits vorhandenen Küchenutensilien behelfen, sie sind aber in jedem Barset enthalten und auch einzeln nicht teuer in der Anschaffung.

Die Rezepte

Die Gin Klassiker

Gin Tonic

Wer an Gin denkt, der denkt auch an Gin Tonic. Es handelt sich beim G&T ganz ohne Frage nicht nur um einen Klassiker, sondern um *den* Gin Klassiker.

Zutaten:

- 4 cl Gin
- 20 cl Tonic Water
- Eiswürfel

Zubereitung:

Den Gin in ein nicht zu schmales Highballglas geben, einige Eiswürfel hinzufügen und mit eiskaltem Tonic Water auffüllen.

Tipp:

Statt mit der klassischen Zitronenscheibe oder der neumodischen Gurkenstange, kann ein Gin Tonic auch mal mit einem Minzblatt oder einer kleinen Scheibe Ingwer garniert werden.

Dry Martini

Über die Erfindung des Martini kursieren zahlreiche Geschichten. Alle gleichsam spannend und gleichsam unbewiesen. Das erste abgedruckte Rezept für einen Martini erschien 1888 in Harry Johnson's Bartender's Manual.

Zutaten:

- 5 cl Gin
- 1 cl Wermut (trocken)

Zubereitung:

Den Gin und den Wermut zusammen mit viel Eis in einem Rührglas verrühren (der Klassiker wird nicht geschüttelt) und dann in ein Martiniglas abseihen.

Tipp:

Je nach Geschmack wird der Gin Martini mit einer einzelnen grünen Olive (klassisch) oder mit etwas Zitrone (Twist) serviert.

Dirty Martini

Liebhaber des Dirty Martini behaupten, er sei der einzige Martini, in den eine Olive gehöre.

Zutaten:

- 6 cl Gin
- 2 cl trockener Wermut
- 1-3 TL Olivenlake

Zubereitung:

Die Zutaten zusammen mit viel Eis im Rührglas verrühren und anschließend durch ein Sieb in ein Martiniglas abgießen. Ein paar grüne Oliven als Dekoration hinein geben.

Tipp:

Eine alte Faustregel besagt, dass ein Martini fertig gerührt ist, wenn sich außen am Glas Kondenswasser zu bilden beginnt.

Paradise

Der Paradise Cocktails spielt eine wichtige Rolle in dem 1933 Film *Reise ohne Wiederkehr*.

Zutaten:

- 4 cl Gin
- 2 cl Apricot Brandy
- 4 cl Orangensaft

Zubereitung:

Alle Zutaten zusammen mit ein paar Eiswürfeln in den Shaker geben und gut schütteln. Ohne das Eis in ein Martiniglas abgießen.

Tipp:

Am leckersten wird der Paradise mit frischgepressten Orangensaft. Eine Orange ergibt gewöhnlich etwas mehr als die benötigten 4 cl Saft.

Gimlet

Wenn jemand sagt, dass Alkohol ein Lebensretter ist, dann ist meistens nicht vom Gimlet die Rede. Sollte es aber. Denn der Gimlet entstand als Phrophylaxe gegen Seefahrerkrankheiten wie den Skorbut. Da frisches Obst auf den Schiffen schnell vergammelte, gab man den Matrosen einfach eine Art Limettensirup mit, den sie sich in den Gin rühren konnten.

Zutaten:

- 6 cl Gin
- 2 cl Limettensaft

Zubereitung:

Einen Rührglass zur Hälfte mit Eis füllen und die beiden Zutaten hinzufügen. Gut verrühren und anschließend durch ein Sieb in die Gläser gießen.

Tipp:

Je nach Geschmack mit etwas Limettenschale oder einer Limettenscheibe garnieren.

Bees Knees

Der Bees Knees ist ein typisches Produkt der amerikanischen Prohibitionsära. Die Barkeeper der legendären Speakeasies machten aus der Not eine Tugend und mischten ihrem neuen Cocktail etwas flüssigen Honig bei, um die schwankende Qualität des schwarzgebrannten Gins zu maskieren.

Zutaten:

- 5 cl Gin
- 2 TL Honig
- 2 cl Zitronensaft
- heißes Wasser

Zubereitung:

Den Honig in etwas heißem Wasser auflösen und zusammen mit den restlichen Zutaten und etwas Eis in einen Cocktailshaker füllen. Kräftig schütteln und anschließend in ein Martiniglas abseihen.

Tipp:

Der Bees Knees ist der Star jeder Speakeasy-Mottoparty!

Pink Gin

Ein roter Bitterlikör verleiht diesem Cocktail seine namensgebende pinke Farbe.

Zutaten:

- 6 cl Gin
- Angostura Bitter

Zubereitung:

Die Zutaten mit etwas Eis in einen Mixbecher geben und gut miteinander verrühren. In ein gekühltes Glas abseihen und mit etwas Zitronenschale garnieren.

Tipp:

Um den herben Geschmack des Bitters etwas auszugleichen, bieten sich für den Pink Gin vor allem eher süße Gin-Marken oder ein Old Tom Gin an.

Aviation

Ob der Name des Aviation (Luftfahrt) von der tiefen blau-violetten Farbe des Cocktails herrührt ist umstritten, dass er auch optisch etwas ganz Besonderes ist hingegen nicht.

Zutaten:

- 6 cl Gin
- 1 cl Maraschino-Likör
- 6 cl Crème de Violette
- 2 cl Zitronensaft

Zubereitung:

Die Zutaten zusammen mit viel Eis in einen Cocktailshaker füllen und gut schütteln. Dann ohne das Eis in gekühlte Martinigläser abgießen.

Tipp:

Damit der Aviation nicht vollständig von den fruchtigen und floralen Aromen der beiden Liköre dominiert wird, bedarf er eines kräftigeren Dry Gins.

Negroni

Der Negroni entstand 1919 aus dem klassischen Campari Cocktail Americano. Ein Florenzer Barkeeper ersetze das Sodawasser kurzerhand durch Gin ersetzt, um den Drink etwas gehaltvoller zu machen, und ein neuer Star war geboren.

Zutaten:

- 3 cl Gin
- 3 cl Campari
- roter Wermut

Zubereitung:

Die drei Zutaten in einem Rührglass mit viel Eis verrühren und anschließend in einen mit frischem Eis gefüllten Tumbler abgießen.

Tipp:

Als Deko bietet sich geschmacklich und farblich ein Stück Orangenschale an.

Corpse Reviever No. 2

Harry Craddock, der Erfinder des Corpse Revivers, soll über ihn die folgenden berühmten Worte gesagt haben: Vier davon schnell hintereinander getrunken machen die Wiederbelebung der Leiche rückgängig!

Zutaten:

- 2 cl Gin
- 2 cl Lillet Blanc
- 2 cl Cointreau
- 2 cl Zitronensaft
- 1 Spritzer Absinth

Zubereitung:

Alle Zutaten zusammen mit einer handvoll Eiswürfel in einem Shaker gut schütteln und anschließend durch ein Sieb in eine gekühlte Cocktailschale gießen.

Tipp:

Beim Corpse Reviver No. 2 scheiden sich die Geister am zu verwendenden Wermut. Als der Drink erstmals begeisterte, war der mittlerweile nicht mehr produzierte Kina Lillet Bestandteil des Rezeptes. Die Frage welcher heute erhältliche Wermut ihm am nächsten kommt, spaltet regelmäßig die Gemeinde der Corpse Reviver-Fans.

Red Snapper

Die perfekte Alternative zur Bloody Mary, nicht nur für Gin-Liebhaber.

Zutaten:

- 5 cl Gin
- 1 cl Zitronensaft
- 12 cl Tomatensaft
- 3 Spritzer Tabasco
- 2 Spritzer Worcestersauce
- Selleriesalz
- schwarzer Pfeffer

Zubereitung:

Allen Zutaten in einen Cocktailshaker geben und zusammen mit viel Eis gut schütteln. Anschließend ohne das Eis in ein Highballglas abseihen. Für den typischen Bloody Mary Look mit einer Selleriestange dekorieren.

Tipp:

Wer es mag, kann zu Beginn etwas Selleriesalz und schwarzen Pfeffer zurückbehalten, um den Glasrand zu garnieren. Dazu einfach den angefeuchteten Rand leicht in das Salz-Pfeffer-Gemisch drücken.

White Lady (oder Delilah)

Einer von Ernest Hemingways Lieblingscocktails, den er auch in seinem letzen Roman *Inseln im Strom* verewigte.

Zutaten:

- 5 cl Gin
- 2 cl Cointerau
- 1 Eiweiß
- 2 cl Zitronensaft

Zubereitung:

Das Eiweiß in den Shaker geben und mit einem Quirl aufschäumen. Etwas Eis, den Gin und den Cointreau dazugeben und alles zusammen kräftig schütteln. Anschließend in ein gekühltes Martini- oder Coupeglas abgießen.

Tipp:

Das Originalrezept aus den 20er Jahren kommt noch ohne Eiweiß aus. Diese Version wird heute oftmals unter dem Namen Delilah angeboten.

Pink Lady

Eine Variation der White Lady mit einem Schuss farbgebendem Grenadine.

Zutaten:

- 5 cl Gin
- 2 cl Cointerau
- 1 Eiweiß
- 2 cl Zitronensaft
- 1 Schuss Grenadine Sirup

Zubereitung:

Das Eiweiß in den Shaker geben und aufschäumen. Etwas Eis zusammen mit den restlichen Zutaten dazugeben und alles zusammen gut durchschütteln. Anschließend in ein Martini- oder Coupeglas abgießen.

Tipp:

Gut gekühlte Gläser sorgen dafür, dass die Cocktails auch ohne verwässerndes Eis kalt bleiben.

Espresso Martini

Der „Espresso Martini" macht müde Gin-Liebhaber munter.

Zutaten:

- 4 cl Wodka
- 1 cl Kahlúa
- 1 cl Zuckersirup

Zubereitung:

Alle Zutaten in einen Shaker mit Eiswürfeln geben und gut durchschütteln. Cocktail durch ein Barsieb in ein kühles Martiniglas seihen und genießen.

Tipp:

Der „Espresso Martini" kann alternativ auch mit Wodka zubereitet werden.

Monkey Gland

Viele amerikanische Barbesitzer und Barkeeper verbrachten die Zeit der Prohibition um europäischen Exil. Unter ihnen auch Harry McElhone, der in seiner Harry`s New York Bar in Paris 1027 den Monkey Gland erschuf und damit genau den Zeitgeist traf.

Zutaten:

- 4 cl Gin
- 4 cl Orangensaft
- 1 TL Grenadine
- 1 TL Absinth

Zubereitung:

Die Zutaten alle zusammen in den Shaker füllen und mit etwas Eis etwa 15 Sekunden lang kräftig schütteln. In ein Martini- oder Coupeglas abseihen.

Tipp:

In einer weiteren Version des Monkey Gland wird der Absinth durch einen Kräuterlikör ersetzt.

Clover Club

Der Clover Club stammt bereits aus der Zeit um die Jahrhundertwende und geriet, ganz im Gegensatz zu der Geschichte der meisten Gin-Cocktails, während der Prohibitionszeit etwas in Vergessenheit.

Zutaten:

- 6 cl Gin
- 3 cl Zitronensaft
- 2 cl Himbeersirup
- 1 Eiweiß

Zubereitung:

Die Zutaten zusammen mit viel Eis in einen Shaker füllen, gut schütteln und dann in eine Cocktailschale abseihen.

Tipp:

Einige frische Himbeeren auf einen Spieß auffädeln und zur Dekoration über das Glas legen.

Schnelle Rezepte

Bronx

Der Bronx zählte zu den beliebtesten Cocktails im Amerika der 1920er Jahre. So wenig war er von den Gartenpartys der Oberschicht wegzudenken, dass sich F. Scott Fitzgeralds berühmter Romanheld Jay Gatsby sogar eigens eine Saftpresse zulegte, um ihn seinen Gästen anbieten zu können.

Zutaten:

- 5 cl Gin
- 1 cl trockener Wermut
- 1 cl süßer Wermut
- 3 cl Orangensaft

Zubereitung:

Den Gin, beide Wermuts und den Orangensaft in einen mit viel Eis aufgefüllten Shaker geben und gut schütteln. In eine vorher gekühltes Martiniglas abseihen.

Tipp:

Gatsby hatte die richtige Idee. Mit frisch gepresstem Orangensaft schmeckt der Bronx gleich nochmal so gut.

Wodka Gin Limette

Der Name ist hier quasi auch schon das Rezept: Wodka, Gin, Limette. Zu fast gleichen Teilen.

Zutaten:

- 3 cl Gin
- 3 cl Wodka
- 1 Limette

Zubereitung:

Die Limette auspressen. Den Saft, den Wodka und den Gin zusammen mit ein paar Eiswürfeln in den Cocktailshaker geben. Kräftig schütteln. Anschließend wird der Drink durch ein feines Sieb in einen mit frischen Eiswürfeln gefüllten Tumbler abgegossen.

Tipp:

Am Anfang etwas von der Schale der Limette für die Dekoration aufbewahren.

Erdbeer Gin & Tonic

Der Erdbeer Gin & Tonic ist eine schnelle und fruchtige Variante des Gin-Klassikers für die warme Jahreszeit.

Zutaten:

- 5 cl Gin
- 20 cl Grapefruitsaft
- 2 cl Erdbeersirup
- 2 frische Erdbeeren

Zubereitung:

Die Erdbeeren waschen und je nach Vorliebe in Spalten oder Scheiben schneiden. Eiswürfel in ein Highballglas geben. Den Gin und den Erdbeersirup dazu gießen und alles gut miteinander verrühren. Mit dem Tonic Water aufgießen und mit frischen Erdbeeren garnieren.

Tipp:

Für die Gartenparty in großer Menge im Pitcher zubereiten.

Countronic

Der „Countronic" ist ein erfrischender Longdrink auf Gin-Basis, welcher insbesondere in den Sommermonaten gerne getrunken wird.

Zutaten:

- 4 cl Gin
- 1 cl Cointreau
- etwas Tonic Water

Zubereitung:

Gin und Tonic Water in ein Longdrinkglas geben und gut verrühren. Anschließend den Cointreau beifügen und ein wenig Crushed Ice ins Glas geben.

Tipp:

Für die Zubereitung eines „Countronic" empfiehlt sich ein Bulldog London Dry Gin.

Salty Dog

Ein weiterer Klassiker, für den es nur weniger Zutaten und noch weniger Zeit bedarf. Der Salty Dog ergänzt das saure Geschmacksprofil eines typischen Sours mit einer salzigen Note.

Zutaten:

- 5 cl Gin
- 10 cl Grapefruitsaft
- Salz für den Glasrand

Zubereitung:

Ein Highballglas oder einen Tumbler mit einem Salzrand versehen, indem der leicht angefeuchtete Glasrand in etwas Salz gedrückt wird, und mit Eiswürfeln füllen. Den Gin und den Grapefruitsaft im Cocktailshaker kräftig schütteln und in das vorbereitete Glas gießen.

Tipp:

Für etwas mehr Durchschlagskraft kann mit dem Verhältnis von Gin und Grapefruitsaft gespielt werden.

Tuxedo

Der Tuxedo Cocktail trägt stolz den Namen seines Geburtsortes: der Tuxedo Club in Orange County, New York.

Zutaten:

- 5 cl Gin
- 5 cl trockener Wermut
- 1 Spritzer Orangenbitter
- 1 Spritzer Maraschinolikör
- 1 Spritzer Absinth

Zubereitung:

Alle Zutaten in ein mit viel Eis gefülltes Rührglas geben, umrühren und in ein Martiniglas abseihen.

Tipp:

Mit einer Spirale aus Zitronenschale garnieren.

Vesper

So trinkt Agent 007 seinen Martini.

Zutaten:

- 5 cl Gin
- 2 cl Wodka
- 1 cl Lillet Blanc

Zubereitung:

Alle Zutaten in einem Cocktailshaker auf viel Eis gut schütteln. In ein gekühltes Martiniglas abgießen.

Tipp:

Der Vesper wird kürzer geschüttelt als die üblichen 15 Sekunden bei anderen Cocktails. Begnügen sie sich mit etwa der Hälfte, um den Drink nicht zu verwässern.

Cosmonaut

Der "Cosmonaut" ist das ideale Zusammenspiel aus spritzig und fruchtig.

Zutaten:

- 6 cl Dry Gin
- 3 cl Zitronensaft (frisch)
- 1 Klecks Himbeermarmelade

Zubereitung:

Alle Zutaten in einen Shaker mit Eiswürfeln geben und gut shaken. Anschließend den Cocktail in ein Cocktailglas abseihen und genießen.

Tipp:

Wegen der Marmelade muss man den Cocktail mindestens 15 Sekunden lang schütteln.

Gin Alexander

Der Gin Alexander ist dank seiner sahnigen Konsistenz besonders als Digestif beliebt.

Zutaten:

- 3 cl Gin
- 3 cl Creme de Cacao
- 3 cl Sahne
- Muskatnuss

Zubereitung:

Den Gin mit der Creme de Cacao und der Sahne in den Shaker geben. Mit Eiswürfeln auffüllen und kräftig schütteln. In ein gekühltes Martiniglas abgießen und etwas Muskatnuss darüber reiben.

Tipp:

Für eine schokoladige Variante ersetzt man einfach den Crem de Cacao Likör durch einen entsprechenden Schokoladenlikör.

Gin Sour

Das fruchtig-säuerliche Zusammenspiel von Gin und Zitrone machen den Gin Sour zu einem typischen Vertreter der Familie der Sour Cocktails.

Zutaten:

- 4 cl Gin
- 2 cl Zitronensaft
- 1 cl Zuckersirup

Zubereitung:

Die Zutaten mit viel Eis im Cocktailshaker kräftig schütteln und durch ein feines Sieb in einen Tumbler abgießen.

Tipp:

Markantere Gin-Marken eignen sich besonders für einen Gin Sours, da der Geschmack des Gins in ihm besonders zum tragen kommt.

Hanky Panky

Der Hanky Panky wurde speziell für den Stummfilmstar Charles Hawtrey erfunden, nachdem dieser die Barkeeperin Ada Coleman in der Bar des Savoy Hotels um einen Drink mit etwas Kick gegen seine Müdigkeit gebeten hatte.

Zutaten:

- 5 cl Dry Gin
- 5 cl süßer Wermut
- 2 Spritzer Fernet Branca

Zubereitung:

Alle Zutaten in einem großen Rührglas auf Eis gut verrühren. Anschließend in ein gekühltes Martiniglas abseihen und mit etwas Orangenschale dekorieren.

Tipp:

Der Hanky Panky braucht einen markant schmeckenden Gin, der sich nicht vom Fernet Branca unterbuttern lässt.

Hemingway Sour

Beim „Hemingway Sour" ist der Name noch Programm. Der Gin-Cocktail besticht durch eine saure Grundnote.

Zutaten:

- 4 cl Gin
- 8 cl Orangensaft
- 4 cl Zitronensaft (frisch)
- 2 cl Zuckersirup

Zubereitung:

Gin, Zitronensaft, Orangensaft und Zuckersirup in einen Shaker mit Eiswürfeln geben und alles gut durchschütteln. Drink auf vorgekühlte Cocktailgläser verteilen und servieren.

Tipp:

Der Zuckersirup überdeckt den Alkohol. Es kann, bei Bedarf, auch etwas mehr Gin verwendet werden.

Oceanside Fizz

Der „Oceanside Fizz" ist eine moderne Interpretation des weltbekannten „Ginn Fizz". „Der Klassiker im neuen Gewand erweckt das Fernweh nach Sommer, Sonne, Strand und Meer.

Zutaten:

- 6 cl Gin
- 2 cl Limettensaft (frisch)
- 2 cl Zuckersirup
- ein wenig Bitter
- etwas Soda
- etwas Meersalz
- ein paar Blätter Minze

Zubereitung:

Minzblätter, Limettensaft und Zuckersirup in einen Shaker geben und gut durchschütteln. Gin, Meersalz, Bitter und ein paar Eiswürfel beifügen und erneut shaken. Cocktail unter Beihilfe eines Barsiebs in ein vorgekühltes Cocktailglas gießen und genießen.

Tipp:

Für eine Verbesserung von Geschmack und Konsistenz ist es ratsam, den „Oceanside Fizz" ein weiteres Mal abzuseihen.

Gibson

Der Gibson ist eine der bekanntesten Spielarten des berühmten Martini Cocktails. Als dem Barkeeper des New York Players Clubs eines Tages die Oliven ausgingen, servierte er die Martinis kurzerhand mit Silberzwiebeln. Und der Gibson war geboren.

Zutaten:

- 6 cl Gin
- 2 cl trockener Wermut
- 1-3 Silberzwiebeln

Zubereitung:

Den Gin und den Wermut in einem Rührglas mit Eis verrühren und in ein gekühltes Martiniglas abseihen. Mit den Silberzwiebeln garnieren.

Tipp:

Wer die ultimative Kontrolle über das Geschmacksprofil des Gibsons will, kann die Silberzwiebeln selber einlegen.

Frische Rezepte

Gin Fizz

Oft als kleiner Bruder des Gon Tonics oder als geschüttelter Tom Collins missverstanden, ist der Gin Fizz in Wahrheit der perfekte erfrischende Sommercocktail.

Zutaten:

- 5 cl Gin
- 3 cl Zitronensaft
- 1 cl Zuckersirup
- Sodawasser

Zubereitung:

Den Gin mit dem Limettensaft, dem Zuckersirup und viel Eis zusammen in einen Shaker füllen und gut schütteln. In ein schmales Highballglas abseihen. Mit dem Sodawasser auffüllen.

Tipp:

Perfekt gelungen ist ein Fizz, wenn er eine leichte Schaumkrone hat.

Business

Der „Business" ist der perfekte Cocktail für alle „Bee`s Knees"-Trinker. Statt Zitronensaft wird bei diesem Getränk auf Gin-Basis Limettensaft verwendet.

Zutaten:

- 6 cl Dry Gin
- 4 cl Limettensaft (frisch)
- 3 cl Honigsirup

Zubereitung:

Die Zubereitung des „Business" ist mit der des „Bee`s Knees" ähnlich bis identisch. Als erstes werden der Honigsirup und der Gin in einen Shaker gegeben und gut verrührt. Anschließend werden Eiswürfel und Limettensaft hinzugegeben und der Inhalt erneut gut durchgeschüttelt. Abschließend wird der Drink vorsichtig in ein vorgekühltes Cocktailglas gegeben.

Tipp:

Für den Genuss eines „Business" empfiehlt sich eine Coupette.

Optimist

Der Optimist hat sich seinen Namen redlich verdient. Alles andere als optimistische Gedanken sind beim Genuss dieses fruchtigen Cocktails unvorstellbar.

Zutaten:

- 3 cl Gin
- 2 cl Creme de Cassis
- 2 cl Ananassaft
- 1 cl Maracujasirup
- Orangensaft

Zubereitung:

Die Zutaten bis auf den Orangensaft und die Creme de Cassis in einen Shaker geben und zusammen mit etwas Eis gut schütteln. In ein bereitstehendes Highball- oder Highballglas abseihen und mit dem Orangensaft auffüllen. Zum Schluss die Creme de Cassis langsam über einen Löffel einlaufen lassen.

Tipp:

Ein kleiner Spritzer Maracujasirup fügt eine weitere tropische Note hinzu.

Blueberry Gin & Tonic

Hier trifft der klassische Gin & Tonic auf das Superfood Blaubeere!

Zutaten:

- 4 cl Gin
- 1 cl Blaubeersirup
- 10 cl Tonic Water
- 1 handvoll Blaubeeren

Zubereitung:

Den Gin und den Blaubeersirup in ein Highballglas geben und verrühren. Das Glas mit Eis und Blaubeeren auffüllen und das Tonic Water dazugießen.

Tipp:

Einiger Minzblätter sind nicht nur eine schöne Garnitur, sondern ergänzen auch wunderbar den Geschmack des Blueberry Gin & Tonic.

Raspberry Thyme Smash

Ein junger Cocktail, aber trotzdem schon ein Star, das ist der Raspberry Thyme Smash, der vor etwa 10 Jahren die Szene betrat.

Zutaten:

- 6 cl Gin
- 3 cl Limettensaft
- 6-10 Himbeeren
- 2 cl Zuckersirup
- 1 Zweig Thymian

Zubereitung:

Die Himbeeren mit dem Thymian in den Shaker geben und mit einem Stößel zerdrücken. Die restlichen Zutaten sowie einige Eiswürfel dazu geben und alles zusammen kräftig schütteln. Durch ein feines Sieb in einen Tumbler auf frisches Crushed Ice abseihen.

Tipp:

Mit einem weiteren Zweig Thymian garnieren.

Orange Blossom

Der Orange Blossom ist ein weiterer Gin-Cocktail, der seine Wurzeln in der Prohibitionszeit hat.

Zutaten:

- 5 cl Gin
- 5 cl Orangensaft
- 1 cl Triple Sec
- 1 Spritzer Fleurs d'orange

Zubereitung:

Alle Zutaten in einen Cocktailshaker geben und diesen mit Eiswürfeln auffüllen. Kräftig schütteln und anschließend in eine Cocktailschale oder ein Martiniglas abseihen.

Tipp:

Der Orange Blossom wird auch „on the rocks" genossen, dann aus einem Tumbler statt aus der Cocktailschale.

Gin Rickey

Der Gin Ricky wurde Anfang des 20. Jahrhunderts in Washington D.C. erfunden und dort feierte er Anfang des 21. Jahrhunderts auch sein Comeback. Die D.C. Craft Bartenders Guild erklärte sogar den Juli zum Rickey Monat in Washington.

Zutaten:

- 4 cl Gin
- 2 cl Limettensaft
- 1 cl Zuckersirup
- Sodawasser

Zubereitung:

Den Gin, den Limettensaft und den Zuckersirup zusammen mit viel Eis in den Cocktailshaker füllen. Gut schütteln und anschließend durch ein Sieb in ein Highballglas gießen. Mit Sodawasser auffüllen.

Tipp:

Einen extra-saurern Kick verleiht es dem Rickey, wenn man den Glasrand mit etwas Zitronensaft benetzt.

Pink Rose

Der „Pink Rose" erblickte bereits in den Zwanziger Jahren das Licht der Welt. Als Erfinder des Cocktails gilt Harry MacElhone.

Zutaten:

- 6 cl Gin
- 3 cl Granatapfelsirup
- 1 Spritzer Zitronensaft
- 1 Eiweiß
- 1 wenig Sahne

Zubereitung:

Alle Zutaten in einen Shaker mit Eiswürfeln geben und gut schütteln. Drink unter Beihilfe eines Barsiebes in ein vorgekühltes Cocktailglas seihen und servieren.

Tipp:

Stilecht trinkt man einen „Pink Rose" aus einem Tumblr.

Bramble

Der Bramble wurde 1984 in London erfunden und gehört seitdem zu den modernen Cocktail-Klassikern.

Zutaten:

- 5 cl Gin
- 2 cl Zitronensaft
- 1 cl Zuckersirup
- 8 Brombeeren
- Crushed Ice

Zubereitung:

Als erstes werden die Brombeeren (halten sie ein paar für die Dekoration zurück) in einen Tumblr gegeben und zerstampft. Anschließend wird der Tumbler mit Crushed Ice aufgefüllt bevor der Gin, der Zitronensaft und der Sirup hinzugegeben werden. Alles gut miteinander verrühren und mit den verbliebenen Beeren ganieren.

Tipp:

Am besten schmecht der Bramble mit selbstgepflückten Brombeeren.

Gin Buck

Fans des Gin Buck vor allem seine Einfachheit.

Zutaten:

- 4 cl Gin
- 10 cl Ginger Ale
- 1 Spritzer Zitronensaft

Zubereitung:

Den Gin zusammen mit dem Zitronensaft in ein mit viel Eis gefülltes Highballglas geben. Mit Ginger Ale auffüllen.

Tipp:

Nach Belieben mit etwas Zitronenschale oder einer Zitronenscheibe dekorieren.

Green Morning

Der „Green Morning" ist ein fruchtig-frischer und optisch ansprechender Cocktail auf Gin-Basis, welcher nicht nur am Morgen getrunken werden kann.

Zutaten:

- 3 cl Gin
- 3 cl Blue Curaçao
- 4 cl Orangensaft
- 4 cl Maracujasaft
- 4 cl Grapefruitsaft
- 2 cl Limettensaft (frisch)

Zubereitung:

Alle Zutaten in einen Shaker mit Crushed Ice geben und ordentlich shaken. Inhalt vorsichtig in ein Cocktailglas mit Eiswürfeln geben.

Tipp:

Der Blue Curaçao sorgt für die markante Grünfärbung des Cocktails.

Blue St. Tropez

Der „Blue St. Tropez" hat nicht nur geschmacklich, sondern auch optisch sehr viel zu bieten. Mit seiner tiefblauen Farbe und dem erfrischenden Geschmack weckt er Fernweh nach St. Tropez.

Zutaten:

- 3 cl Rum
- 2cl Orange Bitters
- 2 cl Zuckersirup
- 2 cl Limettensaft
- 1 cl Blue Curacao

Zubereitung:

Rum, Bitters, Zuckersirup, Limettensaft und Blue Curacao in einen Shaker geben und ordentlich schütteln. Cocktail auf Gläser mit Eiswürfeln verteilen und servieren.

Tipp:

Stilecht wird der „Blue St. Tropez" in einem Tumbler gereicht.

Himbeer-Ingwer Fizz

Bei dem "Himbeer-Ingwer Fizz" handelt es sich um ein weiteres Mitglied aus der großen Fizz-Familie. Der spritzige Cocktail eignet sich optimal als Erfrischung für warme Tage.

Zutaten:

- 5 cl Gin
- 2 cl Zitronensaft
- 2 cl Zuckersirup
- ein paar Himbeeren
- etwas Ingwer
- ein wenig Sodawasser

Zubereitung:

Alle Zutaten, außer Sodawasser, in einen Shaker geben und gut shaken. Drink durch ein Barsieb in ein vorgekühltes Cocktailglas abseihen.

Tipp:

Bei Bedarf kann der "Himbeer-Ingwer Fizz" mit ein paar Himbeeren garniert werden.

Cucumber Mint Gin Fizz

Die Kombination von Minze, Zitrone und Gurke macht diesen Gin Fizz noch erfrischender als seinen Namensvetter.

Zutaten:

- 6 cl Gin
- 6-8 Blätter Minze
- Gurke
- 1 Spritzer Zitronensaft
- Tonic Water

Zubereitung:

Die Gurke schälen und in Würfel schneiden. Die Minzblätter zuerst in ein Rührglas geben und mit einem Stößel leicht zerdrücken. Eine handvoll Gurkenwürfel sowie den Gin dazugeben. Das Glas mit Frischhaltefolie zudecken und 2 Stunden in den Kühlschrank stellen. Nach 2 Stunden ein Highballglas mit Eiswürfeln füllen, den Limettensaft hineingeben und den infusionierten Gin durch ein feines Sieb ebenfalls in das Glas abseihen. Mit dem Tonic Water auffüllen.

Tipp:

Neben der Minze oder statt ihrer passen auch einige Basilikumblätter gut zu diesem sommerlichen Gin Fizz.

Watermelon Gin & Tonic

Der Watermelon Gin & Tonic ist eine sommerliche Spielart des Klassikers.

Zutaten:

- 6 cl Gin
- 6 cl Wassermelonensaft
- 6 cl Tonic Water
- 1 Spritzer Zitronensaft

Zubereitung:

Den Gin, den Wassermelonen- und den Zitronensaft mit viel Eis in den Cocktailshaker geben und kräftig schütteln. In ein mit frischen Eis gefülltes Highballglas abseihen und mit dem Tonic Water auffüllen. Mit einer Spalte Wassermelone garnieren.

Tipp:

Kann für sommerliche Gartenpartys auch in größeren Mengen im Pitcher oder als Bowle mit Wassermelonenstücken zubereitet werden.

Exotische Rezepte

Banana Flip

Mit Bananelikör und einem Schuss Sahne sorgt der Banana Flip sofort für Urlaubsgefühle.

Zutaten:

- 2 cl Gin
- 3 cl Creme de Bananas (Likör)
- 2 cl Sahne
- 1 cl Zuckersirup
- 1 Eigelb
- 1 Prise Muskatnuss

Zubereitung:

Alle Zutaten zusammen mit viel Eis in einen Cocktailshaker füllen. Gut schütteln und anschließend in ein Longdrink- oder Hurricaneglas abseihen.

Tipp:

Wer frische Muskatnuss zur Hand hat, reibt diese erst ganz zum Schluss über den fertigen Cocktail.

Tropical Orange

Der Tropical Orange ist ein besonders farbenfroher tropischer Fruchtcocktail.

Zutaten:

- 2 cl Gin
- 3 cl Orangenlikör
- 4 cl Grapefruitsaft
- 6 cl Orangensaft

Zubereitung:

Alle Zutaten zusammen mit viel Eis in einen Cocktailshaker füllen. Gut schütteln und anschließend durch ein Sieb in ein Hurricaneglas auf frisches Eis abgießen.

Tipp:

Mit einer Orangen- oder Ananasscheibe und einer Maraschino-Kirsche garnieren.

Ananas-Eis-Cocktail mit Gin

Der „Ananas-Eis-Cocktail mit Gin" ist fruchtig und erfrischend zugleich. Der perfekte Begleiter für jede Sommer-Party.

Zutaten:

- 5 cl Gin
- 30 ml Limettensaft (frisch)
- 30 ml Ananassaft (frisch)
- 60 ml Zuckersirup
- 200 g Ananas
- ein paar Eiswürfel
- etwas Minze

Zubereitung:

Alle Zutaten, außer den Eiswürfeln und der Minze, in einen Mixer geben und zu Püree verarbeiten. Eiswürfel in Cocktailgläser geben. Die Gläser mit dem Cocktail befüllen und genießen.

Tipp:

Bei Bedarf kann der Ananas-Eis-Cocktail mit Ananasstücken oder Minzblättchen verfeinert werden

Golden Dawn

Ein simpler Cocktail mit leicht säuerlichem Geschmack, dem noch immer zu wenig Beachtung geschenkt wird.

Zutaten:

- 3 cl Gin
- 2 cl Apricot Brandy
- 1 Spritzer Grenadine
- 6 cl Orangensaft

Zubereitung:

Die Zutaten in einen Cocktailshaker mit viel Eis füllen. Kräftig schütteln und anschließend durch ein Sieb in ein Martiniglas abgießen.

Tipp:

In manchen Varianten wird der Golden Dawn mit etwas Calvados veredelt.

Mango Gin

Eine fruchtige, aber leichte Wahl für warme Sommerabende.

Zutaten:

- 3 cl Gin
- 12 cl Bitter Lemon
- 1 cl Zuckersirup
- 40 g Mango

Zubereitung:

Die Mango schälen und in kleine Stücke schneiden. Mit dem Zuckersirup oder alternativ einem TL Zucker zusammen in einem Glas geben und gut vermengen. Dabei die Mango kräftig zerdrücken. Den Gin und etwas Crushed Ice dazugeben. Mit eiskaltem Bitter Lemon auffüllen.

Tipp:

Schmeckt auch als Frozen Variante. Dazu alle Zutaten samt des Crushed Ice in den Mixer werfen und pürieren bis die gewünschte Konsistenz erreicht ist.

Jungle Juice

Der Inbegriff des exotischen Cocktails!

Zutaten:

- 2 cl Gin
- 1 cl Apricot Brandy
- 4 cl grüner Bananenlikör
- 1 cl Zitronensaft
- Orangensaft

Zubereitung:

Die Zutaten auf viel Eis im Boston Shaker kräftig schütteln. In ein mit frischen Eiswürfeln gefülltes Hurricaneglas abseihen.

Tipp:

Zu dem giftgrünen Drink lieber eine Sternfrucht als Dekoration nehmen als die allgegenwärtige Ananas.

Lady Killer

Der „Lady Killer" ist ein tropischer Frucht-Cocktail für laue Sommerabende.

Zutaten:

- 25 ml Gin
- 50 ml Ananassaft
- 50 ml Maracujasaft
- 18 ml Brandy
- 18 ml Orangenlikör
- 1 Limette

Zubereitung:

Eiswürfel in ein dafür vorgesehenes Glas geben. Anschließend alle Zutaten, außer der Limette, in das Glas geben und vorsichtig verrühren. Den Inhalt durch ein Barsieb in ein hohes Glas abseihen. Bei Bedarf kann die Limette in Stücke geschnitten und als Dekoration verwendet werden.

Tipp:

Für die Zubereitung des „Lady Killer" empfiehlt sich Tanqueray London Dry Gin.

Park Avenue Martini

Der Park Avenue Martini ist die Variante für alle denen, der klassische Martini zu trocken und herb ist.

Zutaten:

- 6 cl Gin
- 1,5 cl süßer Wermut
- 1,5 cl Triple Sec
- 3 cl Ananassaft
- 1 Spritzer Orangenbitter

Zubereitung:

Die Zutaten in einen mit Eis gefüllten Cocktailshaker füllen und gründlich schütteln. In ein gekühltes Martiniglas abgießen.

Tipp:

Ideal für Gins mit einem milderen Geschmacksprofil.

Green Dragon

Der Green Dragon verdankt seine tiefe grüne Farbe und daher auch seinen Namen dem Pfefferminzlikör.

Zutaten:

- 6 cl Gin
- 1,5 cl Limettensaft
- 1,5 cl Creme de Menthe
- 2 Spritzer Angostura Bitter

Zubereitung:

Den Gin, den Limettensaft und den Angostura zusammen mit der Creme de Menthe in einen mit viel Eis gefüllten Boston Shaker geben und gut schütteln. In ein gekühltes Martiniglas abseihen.

Tipp:

Mit etwas Minze garnieren.

Joy of Love

Der „Joy of Love" ist Liebe auf den ersten Schluck.

Zutaten:

- 4 cl Gin
- 2 cl Brandy
- 12 cl Maracujasaft
- 2 cl Limettensaft (frisch)
- 1 cl Grenadine

Zubereitung:

Gin, Brandy, Maracujasaft, Limettensaft und Grenadine in einen Shaker mit Eiswürfeln geben und gut shaken. Anschließend den Drink durch ein Barsieb in ein vorgekühltes Cocktailglas abseihen.

Tipp:

Für die Optik kann der Cocktail mit einer Limettenscheibe verziert werden.

Coconut Gin & Tonic

Der Exot unter den Gin & Tonics.

Zutaten:

- 6 cl Gin
- 6 cl Kokoswasser
- 6 cl Tonic Water
- 1 Limette
- 2-4 Blätter Minze

Zubereitung:

Die Limette in Spalten schneiden und zusammen mit 2 Minzblättern in das Glas geben. Die Mischung mit dem Stößel leicht zerdrücken. Das Glas mit Eiswürfeln füllen und dann den Gin, das Kokoswasser und das Tonic Water hinzugießen. Mit den verbliebenen Minzblättern garnieren.

Tipp:

Für nur einen ganz leichten Kokosgeschmack am Gin & Tonic, einfach das Kokoswasser in einer Eiswürfelform einfrieren und in einem Standard-Gin Tonic verwenden.

Gin-Colada

Bei dem „Gin-Colada“ handelt es sich um die Gin-Variante des begehrten „Pina Colada“. Der fruchtig-frische Cocktail ist insbesondere an Sommerabenden ein Genuss.

Zutaten:

- 4 cl Gin
- 50 ml Kokosmilch
- 150 ml Ananassaft
- 1 TL Zucker
- 1 Ananas
- ein wenig Crushed Ice

Zubereitung:

Zuerst die Ananas vorbereiten und in Scheiben schneiden. Anschließend alle Zutaten in einen Shaker geben und ordentlich shaken. Drink auf Cocktailgläser mit Crushed Ice verteilen und genießen.

Tipp:

Für die Optik kann der „Gin-Colada“ am Gläserrand mit Ananasscheiben verziert werden.

Blue Blooded

Kunterbunter Gute-Laune-Cocktail für die Sommerparty.

Zutaten:

- 4 cl Gin
- 4 cl Maracujasaft
- Mango
- 2 Spritzer Blue Curacao
- Crushed Ice

Zubereitung:

Den Gin zusammen mit dem Maracujasaft, etwas Eis und den Mangowürfeln in einen Mixer geben und pürieren. In eine mit Crushed Ice gefülltes Highballglas umgießen und anschließend den Blue Curacao darüber laufen lassen.

Tipp:

An Stelle der Mango lohnt es sich auch einmal Honigmelone oder Pfirsich auszuprobieren.

Seven Seas

Die exotische Variante des Gin & Tonic.

Zutaten:

- 3 cl Gin
- 6 cl grüner Bananenlikör
- 1,5 cl Creme de Bananas (Likör)
- 18 cl Tonic Water

Zubereitung:

Alle Zutaten außer dem Tonic Water in einem Shaker mit viel Eis gut schütteln. In ein mit frischen Eiswürfeln gefülltes Highballglas abgießen und mit dem Tonic Water auffüllen.

Tipp:

Eine Fotogelegenheit für Gin Tonic-Fanatiker, die selten so ein farbenfrohes Getränk in der Hand haben.

Newcomer Rezepte

Lord Bull

Der Gin-Cocktail, der Flügel verleiht.

Zutaten:

- 3 cl Gin
- 4 cl Red Bull

Zubereitung:

Den Gin zusammen mit dem Red Bull und etwas Eis in einen Tumbler füllen und verrühren.

Tipp:

Der Lord macht simple on the rocks einfach am meisten her. Bloß nicht garnieren oder gar mit Strohhalm trinken.

Frozen Gin Tonic

Einen erfrischenderen Gin Tonic gibt es nicht.

Zutaten:

- 6 cl Gin
- 0,5 l Tonic Water
- 1 cl Zuckersirup
- 1 Spritzer Limettensaft

Zubereitung:

Das Tonic Wasser in eine herkömmliche Eiswürfelform füllen und im Tiefkühlfach einfrieren. Den Gin, den Zuckersirup und den Limettensaft zusammen mit den Toniceiswürfeln in einen Mixer geben und durchmixen bis alles gut vermengt und eine Slushie-artige Konsistenz erreicht ist. Je nach Stärke des Mixers müssen die Eiswürfel eventuell nach und nach hinzugegeben werden. In ein geeistes Glas umfüllen.

Tipp:

Im Supermarkt gibt es Eiskugelbeutel zur Herrstellung von Crushed Ice im eigenen Tiefkühlfach. Die kleineren Kugeln machen es herkömmlichen Mixern etwas einfacher als die großen Würfel aus der Form.

Gin Gin Mule

Der Gin Gin Mule ist ein Newcomer aus New York. Das zweite Gin ins einem Namen steht für das Ginger Beer.

Zutaten:

- 5 cl Gin
- 3 cl Limettensaft
- 3 cl Zuckersirup
- 6-10 Blätter Minze
- Ginger Beer

Zubereitung:

Die Minze zusammen mit dem Limettensaft und dem Zuckersirup in den Shaker geben und zunächst am Boden sanft zerdrücken. Dann den Gin hinzugeben und alles zusammen mit ein paar Eiswürfeln gut schütteln. Durch ein Sieb in ein bereitstehendes Glas mit frischen Eiswürfeln abgießen und mit dem Ginger Beer auffüllen. Mit ein wenig Minze garnieren.

Tipp:

Der Gin Gin Mule verlangt nach einem Wacholder-lastigen Gin.

Gin Basil Smash

Der Gin Basil Smash ist ein echtes Hamburger Kind, denn in der norddeutschen Hansestadt startete er 2008 seinen Siegeszug.

Zutaten:

- 6 cl Gin
- 2 cl Zitronensaft
- 6-8 Blätter Basilikum
- 2 cl Zuckersirup

Zubereitung:

Die Basilikumblätter in den Shaker geben und mit dem Stößel zerdrücken. Die restlichen Zutaten sowie Eiswürfel dazugeben und alles gründlich schütteln. Mithilfe des Barsieb auf frisches Eis abseihen. Der Gin Basil Smash wird in einem Tumbler serviert.

Tipp:

Die Basilikumblätter auf jedem Fall mit Stängel in den Shaker geben. Denn nur so erhält der Gin Basil Smash seine unverwechslbare grüne Färbung.

Breakfast Martini

Dass der Martini ein Getränk für jede Tageszeit ist, haben wir schon immer vermutet. Der Breakfast Martini macht es offiziell.

Zutaten:

- 4 cl Gin
- 1 cl Triple Sec
- 2 cl Zitronensaft
- 2 TL Orangenmarmelade

Zubereitung:

Die Zutaten zusammen mit viel Eis in den Cocktailshaker füllen und gut schütteln. Ohne Eiswürfel in ein Martiniglas abgießen.

Tipp:

Der Star des Breakfast Martini Rezepts ist die Marmelade. Am besten geeignet ist eine gute englische Orangenmarmelade mit dünnen Schalenstücken.

Queen Garden

Bei dem „Queen Garden" handelt es sich um einen spritzig-frischen Cocktail auf Gin-Basis. Der Newcomer ist der ideale Drink für heiße Sommerabende.

Zutaten:

- 50 ml Gin
- 30 ml Holundersaft
- 30 ml Limettensaft
- 150 ml Wasser
- ein paar Eiswürfel

Zubereitung:

Gin, Wasser, Holundersaft, Limettensaft in einen Shaker mit Eiswürfeln geben und gut durchschütteln. Drink auf vorgekühlte Cocktailgläser verteilen und genießen.

Tipp:

Bei Bedarf können Sie den „Queen Garden" mit einer Limetten- oder einer Gurkenscheibe verzieren.

Gin Tonic Coffee Cucumber

Der „Gin Tonic Coffee Cucumber" ist ein Modegetränk, welches gleichzeitig mit dem gleichzeitig mit dem Cold Brew Coffee aufkam. Er steht erst seit wenigen Jahren auf der Liste der Gin-Cocktails.

Zutaten:

- 6 cl Gin
- 4 cl Cold Brew Coffee
- 20 cl Tonic Water
- 1 Gurke

Zubereitung:

Zuerst die Gurke in Scheiben schneiden und das Cocktailglas damit bestücken. Der Rest der Gurke kann, bei Bedarf, zu einem Boot für die Dekoration verarbeitet werden. Eiswürfel in das Glas mit den Gurken füllen. Abschließend den Gin, das Tonic Water und den Kaffee ganz vorsichtig in das Cocktailglas geben und genießen.

Tipp:

Der Gin „Juniper Jack" eignet sich hervorragend für die Zubereitung eines Gin Tonic Coffee Cucumber.

Soho Sling

Eine neue, herbstliche Variante des guten, alten Slings.

Zutaten:

- 4 cl Gin
- 5 cl naturtrüber Apfelsaft
- 2 cl Limettensaft
- Ginger Beer

Zubereitung:

Ein hohes Glas mit Eiswürfeln füllen und dann den Gin, den Apfelsaft und den Limettensaft hineingeben und mit Ginger Beer aufgießen.

Tipp:

Mit einer Apfelscheibe garnieren.

Ginger Rogers

Diese Rezept der Barkeeper Kathy Flick and Marcovaldo Dionysos ist quasi eine Coverversion des Favorite Cocktails.

Zutaten:

- 5 cl Gin
- 3 cl Limettensaft
- 3 cl Ingwersirup
- 6-8 Blätter Minze
- Ginger Ale

Zubereitung:

Die Minzblätter zusammen mit dem Ingwersirup in hohes Glas geben und mit einem Stößel etwas zerdrücken. Das Glas anschließend mit Eis auffüllen und dann den Gin und den Limettensaft hineingießen. Mit dem Ginger Ale aufgießen. Vorsichtig umrühren.

Tipp:

Zur Dekoration einen ganzen Strauß Minze auf dem Glas schwimmen lassen.

Five A Day

Der Five A Day betratt 2016 als Gewinner eines Cocktailwettbewerbs die Szene.

Zutaten:

- 6 cl Gin
- 3 cl Zitronensaft
- 3 cl Selleriesaft
- 2 Zweige Rosmarin
- 1 Prise Salz
- 2 TL Zucker
- trockener Sekt

Zubereitung:

Einen der Rosmarinzweige mit Salz und Zucker im Shaker andrücken. Den Gin, den Zitronen- und den Selleriesaft dazugeben und alles zusammen kräftig schütteln. In ein Kelchglas abseihen und mit dem Sekt auffüllen.

Tipp:

Besonders geeignet als Brunch- oder Aperitif-Cocktail.

Deep Blue Sea

Der „Deep Blue Sea" ist ein relativ junger Gin-Cocktail, der erst noch seinen Platz auf der Cocktailkarte finden muss.

Zutaten:

- 6 cl Dry Gin
- 1 cl Veilchensirup
- 2 cl Cocchi Americano
- ein wenig Orangenbitter

Zubereitung:

Alle Zutaten in ein Gefäß geben und gut verrühren. Wichtig ist, dass sich der Sirup dabei komplett auflöst. Als nächstes Eiswürfel in ein Glas geben und den Cocktail vorsichtig hinzugießen. Alles gut verrühren. Ergebnis unter Beihilfe eines Barsiebs in ein kühles Cocktailglas abseihen.

Tipp:

Bei Bedarf kann der „Deep Blue Sea" mit einer Zitrone oder einer Limette verziert werden.

Mr. Pink

Ein frischer sommerlicher Cocktail mit wunderschöner Farbe.

Zutaten:

- 5 cl Gin
- 6 cl Grapefruitsaft
- 3 cl Rosmarinsirup
- 2 Spritzer Agostura Bitter
- Crushed Ice

Zubereitung:

Alle Zutaten in einem Cocktailshaker gut schütteln und dann einen Tumbler gießen. Etwas Crushed Ice darauf geben.

Tipp:

Mit einer Scheibe Grapefruit und etwas Rosmarin dekorieren.

Frozemary

Ein fruchtiger Frozen Cocktail für die Hundstage des Sommers.

Zutaten:

- 2,5 cl Gin
- 2,5 cl Aperol
- 2,5 cl Rosewein
- 5 Erdbeeren
- Crushed Ice

Zubereitung:

Die Erbeeren waschen und putzen. Anschließend werden sie mit dem Stößel zerdrückt oder im Mixer püriert. Das erhaltene Erdbeerpüree kommt zusammen mit den restlichen Zutaten in den Cocktailshaker. Kräftig schütteln bis alles gut vermengt ist. Durch ein feines Sieb in einen geeisten und mit frischen Crushed Iced gefüllten Tumbler abseihen.

Tipp:

Erdbeeren einfrieren und den Frozenmary statt im Shaker im Mixer zubereiten.

Rezepte aus der Heimat

Schwarzwald Säuerling

Ein junger deutscher Cocktail, der die regionalen Aromen des Schwarzwalds zusammenbringt und auf kalten Steinen serviert wird.

Zutaten:

- 4 cl Gin
- 1 cl Fichtensprossengeist (Obstbrand)
- 2 cl Verjus Royal
- 1 cl Apfeldicksaft
- Mineralwasser

Zubereitung:

Alle Zutaten außer dem Mineralwasser in einen Cocktailshaker geben und auf Eis gut schütteln. Ein gekühltes Glas mit gekühlten Kieselsteinen füllen und das Mineralwasser dazugeben. Den fertigen Drink darauf abseihen und vorsichtig umrühren.

Tipp:

Ein Sauerampferblatt dekoriert das Original.

Glüh Gin

Eine winterliche Alternative zum Glühwein. Nicht nur für Gin-Liebhaber.

Zutaten:

- 2 cl Gin
- Apfelsaft
- frischer Ingwer
- 1 Zimtstange
- Gewürznelken
- Orangenschale Schale einer Orange
- 1 Messerspitze Piment

Zubereitung:

Den Ingwer klein hacken und die Orangenschale abreiben. Die Gewürze ca. 15-20 Minuten in dem Apfelsaft langsam erhitzen, aber nicht zum kochen bringen. Anschließend den den heißen Saft in Becher oder hitzebeständige Gläser füllen und mit 2 cl Gin auffüllen.

Tipp:

Wenn man statt eines hellen Gins einen Sloe Gin verwendet, erhält man eine süßere, fruchtigere und vor allem rote Variante, die einem Glühwein auch optisch ähnelt.

Munich Mule

Ob der Munich Mule wirklich aus München stammt, ist umstritten. Glaubwürdig ist es auf jeden Fall. München beherbergt eine der lebhaftesten Gin-Szenen Deutschlands.

Zutaten:

- 5 cl Gin
- 2 cl Limettensaft
- Gurkenscheiben
- 8 cl Ingwer Beer

Zubereitung:

Die flüssigen Zutaten direkt im Glas auf Eis miteinander verrühren. Mit der Gurke garnieren.

Tipp:

Statt immer wieder Scheiben zu verwenden, kann man die aufgeschnittene Gurke der Länge nach mit dem Spargelschäler abschälen. So erhält man ein langes Gurkenblatt, welches man zur Dekoration schräg ins Glas wickelt.

Grüner Apfel Gin

Der Appletini war gestern.

Zutaten:

- 2 cl Gin
- 2 cl Apfelsaft
- 2 cl Limettensaft
- 1/2 grüner Apfel

Zubereitung:

Den Apfel gründlich waschen und in dünne Scheiben schneiden. Den Gin, den Apfelsaft und den Limettensaft mit viel Eis im Shaker gut schütteln. In ein Highballglas abseihen und mit den Apfelscheiben garnieren.

Tipp:

Die Apfelscheiben mit etwas Zitronensaft beträufeln, damit sie nicht braun werden.

Grassnost

Ein Gin-Cocktail der die beiden angesagten Zutaten Holunderblüte und Gurke zusammenbringt.

Zutaten:

- 4 cl Gin
- 2 cl Zitronensaft
- 2 cl Holunderblütensirup
- 1/2 Salatgurke
- 16 cl Booster Green Grass

Zubereitung:

Die Salatgurke waschen und ungeschält kleinschneiden. Zusammen mit dem Zitronensaft und dem Gin im Mixer pürieren. Das Püree mit dem Holunderblütensirup und viel Eis in den Shaker füllen und gründlich schütteln. Durch ein feines Sieb in einen Tumbler abseihen. Mit dem Energy Drink Booster Green Grass auffüllen.

Tipp:

Der Booster Green Grass kann durch jeden anderen Energy Drink ersetzt werden. Er eignet sich allerdings aufgrund seiner grünen Farbe besonders schön für diesen Cocktail.

Spritzige Rezepte

Mc Fly

Ein prickliger Sekt-Cocktail für besondere Anlässe.

Zutaten:

- 2 cl Gin
- 2 cl Zitronensaft
- 3 cl Sekt

Zubereitung:

Den Gin zusammen mit dem Zitronensaft und einigen Eiswürfel kräftig schütteln. Anschließend in eine Cocktailschale abseihen und mit dem Sekt aufgießen.

Tipp:

Cocktailkirsche in das Glas sinken lassen.

Ginny

Ein weiterer Preisgekrönter Cocktail. Der Ginny schaffte es 1984 bei der International Cocktail Competition in Hamburg auf das Podium.

Zutaten:

- 4 cl Gin
- 2 cl roten Wermut
- 2 cl roten Grenadine
- 4 cl roten Zitronensaft
- Tonic Water

Zubereitung:

Alle Zutaten außer dem Tonic Water in ein Rührglas geben und auf etwas Eis gründlich verrühren. Mithilfe des Barsiebs in ein hohes Highballglas abgießen und mit dem kaltem Tonic Water auffüllen.

Tipp:

Mit einer Limettenscheibe garnieren.

Tom Collins

Der Tom Collins ist einer der ältesten belegten Gin Sour-Cocktails.

Zutaten:

- 5 cl Gin
- 3 cl Zitronensaft
- 3 cl Zuckersirup
- Eiswürfel
- Mineralwasser

Zubereitung:

Die Zutaten gut verrühren und in ein hohes mit Eiswürfeln gefülltes Glas geben. Mit Mineralwasser auffüllen. Mit einer Zitronenscheibe garnieren.

Tipp:

In einem Tom Collins gehört standesgemäß ein Old Tom Gin.

Beverly Hills Iced Tea

Angelehnt an den Long Island Ice Tea, ebenso stark, aber mit einem luxuriösen Twist.

Zutaten:

- 1 cl Gin
- 1 cl Wodka
- 1 cl Cointreau
- 1 cl Limettensaft
- 2 cl Zuckersirup
- 4 cl Champagner

Zubereitung:

Alle Zutaten außer dem Champagner in einen Cocktailshaker mit viel Eis geben. Gut schütteln und anschließend in ein mit frischem Eis gefülltes Glas abgießen. Mit dem Champagner auffüllen.

Tipp:

Der Champagner sollte eiskalt sein, da sonst die Eiswürfel zu schnell schmelzen und den Drink verwässern.

Violet Fizz

Der „Violet Fizz“ ist eine schnelle und einfachere Variante des bekannten „Fizz á la Violett.

Zutaten:

- 3 cl Gin
- 3 cl Crème de Violette
- 2 cl Limettensaft
- 2 cl Zitronensaft
- 2 cl Sahne
- 2 cl Zuckersirup
- 1 Eiweiß
- etwas Sodawasser

Zubereitung:

Alle Zutaten, außer Sodawasser, in einen Shaker geben und gut durchschütteln. Anschließend Eis hinzugeben und erneut schütteln. Getränk in ein kühles Longdrinkglas geben und mit Sodawasser auffüllen.

Tipp:

Wenn Sie die Zutaten für den „Violet Fizz“ das erste Mal ohne Eis shaken entsteht eine schöne Schaumkrone.

Moulin Rouge

Frischer, fruchtig und farbenfroh.

Zutaten:

- 2 cl Gin
- 2 cl Apricot Brandy
- 2 cl Zitronensaft
- 8 cl Champagner
- Eiswürfel

Zubereitung:

Alle Zutaten außer dem Champagner mit viel Eis in einen Cocktailshaker geben. Kräftig schütteln und anschließend in ein Martiniglas abseihen. Mit eiskaltem Champagner auffüllen.

Tipp:

Farblich passen tiefgefrorene Beeren als Dekoration und Eiswürfelersatz in diesen Cocktail.

French 75

Der French 75 ist ein weiterer Cocktail, der während den langen Jahren der Prohibition in Harry`s New York Bar in Paris entstand.

Zutaten:

- 5 cl Gin
- 4 cl Zitronensaft
- 2 TL Puderzucker
- 10 cl Champagner

Zubereitung:

Die Zutaten bis auf den Champagner in den Shaker geben, mit Eiswürfeln auffüllen und kräftig schütteln. In eine Cocktailschale oder einen Sektkelch abseihen und mit Champagner auffüllen.

Tipp:

Dazu passt als Dekoration eine Cocktailkirsche.

Southside Royal

Wie bei vielen Gin Cocktails ranken sich auch um die Entstehung des Southside Royal wilde Mythen. Eine Erklärung, die wenn sie nicht war, so doch jedenfalls unterhaltsam ist, ist die, dass er während der Prohibition von der Chicagoer Southside Gang erdacht wurde, um den eigenen schwarzgebrannten Gin ins beste Licht zu rücken.

Zutaten:

- 2 cl Gin
- 2 cl Limettensaft
- 1 cl Zuckersirup
- 4 Blätter Minze
- Champagner

Zubereitung:

Die Minze zuerst in den Cocktailshaker geben und leicht zerdrücken. Den Gin, den Limettensaft und den Zuckersirup hinzufügen und zusammen mit einer handvoll Eiswürfeln gut schütteln. Anschließend ohne das Eis in ein gekühltes Martiniglas oder eine Cocktailschale umfüllen und mit dem Champagner auffüllen.

Tipp:

Wer keinen Champagner zur Hand hat, kann ihn mit eiskaltem Prosecco ersetzen.

Royal Orange Blossom

Nicht nur der Champagner, auch der Mandarine Wodka machen diese Spielart des klassischen Orange Blossom zu einem Geschmackserlebnis.

Zutaten:

- 2 cl Gin
- 6 cl Mandarine Wodka
- 2 cl Orangensaft
- Champagner

Zubereitung:

Alle Zutaten außer des Champagners mit viel Eis in einen Cocktailshaker geben und gut schütteln. Anschließend in eine Cocktailschale abseihen und mit dem eiskalten Champagner aufgießen.

Tipp:

Mit einer getrockneten Orangenscheibe garnieren.

Gin Sling

Die Gin Slings waren unter den ersten populären Gin-Mischgetränken.

Zutaten:

- 4 cl Gin
- 2 cl Zitronensaft
- 2 cl Zuckersirup
- Mineralwasser

Zubereitung:

Den Gin, den Zuckersirup und den Zitronensaft in einem Highballglas zusammen mit einigen Eiswürfeln verrühren. Mit Mineralwasser auffüllen.

Tipp:

Wer eine farbenfrohere Variante des klassischen Sling möchte, gibt zusätzlich 2 cl roten Wermut hinzu.

Fireball

Der Fireball sieht frisch und fruchtig aus, überrascht aber mit einer bitteren Note.

Zutaten:

- 2 cl Gin
- 3 cl Orangenbitter
- Tonic Water

Zubereitung:

Den Orangenbitter und dem Gin im Shaker auf Eis gut schütteln und anschließend in ein Highballglas abseihen. Mit dem Tonic Water auffüllen.

Tipp:

Mit etwas Orangenschale garnieren.

Rezepte aus aller Welt

Singapore Sling

Der fruchtige Singapore Sling wurde um 1915 im legendären Raffles Hotel der Stadt erfunden und ist noch heute der Signature Cocktail des Traditionshauses. An ihm kommt kein Singapurbesucher vorbei.

Zutaten:

- 4 cl Gin
- 2 cl Cherry Heering Liqueur
- 1 cl Grenadine
- 1 cl Cointreau
- 1 cl Bénédictine D.O.M. liqueur
- 15 cl Ananassaft
- 2 cl Limettensaft

Zubereitung:

Alle Zutaten in einen Cocktailshaker geben und gut schütteln. Anschließend in ein hohes mit frischem Eis gefülltes Hurricaneglas abseihen.

Tipp:

Der Singapore Sling wird traditionell mit einem Blatt Minze, einer Scheibe Zitrone oder Ananas und einer Maraschino-Kirsche garniert.

Havana Nights

Mit der kubanischen Hauptstadt hat der Cocktail wohl eher nicht viel zu tun und dennoch sorgt er für karibisches Stimmung.

Zutaten:

- 4 cl Gin
- 4 cl Rum
- 4 cl Blue Curacao
- 8 cl Kräuterlimonade
- 4 cl Orangensaft
- 16 cl Limettensaft

Zubereitung:

Alle Zutaten außer dem Blue Curacao in einen Cocktailshaker geben und diesen mit Eis auffüllen. Kräftig schütteln. Den Blue Curacao in ein Hurricane- oder Highballglas geben und den Inhalt des Shakers durch ein Sieb darauf gießen. Mit einer Orangenscheibe garnieren.

Tipp:

Dem Namen entsprechend mit Havana Club Rum zubereiten.

London Fog

Geradliniger Gin-Cocktail. Durch die Zugabe von Absinths wird der Gin leicht trübe wie der London im Nebel.

Zutaten:

- 6 cl Gin
- 2 cl Absinth

Zubereitung:

Einige Eiswürfel in einen Tumbler geben, den Gin und den Absinth dazugießen und miteinander verrühren.

Tipp:

Statt Absinth mal mit Pernod probieren.

London Fog Cutter

Auch wenn der Name es nicht gleich vermuten lässt, so handelt es sich bei dem London Fog Cutter im einen fruchtigen Tiki Drink, der seinen Ursprung in den Tiki-Bars des Kaliforniens der 1930er hat.

Zutaten:

- 4 cl Gin
- 4 cl Apfelsaft
- 5 cl Brandy
- 5 cl brauner Rum
- 2,5 cl Zitronensaft
- 1,5 cl Holundersirup
- 1,5 cl Maracujasirup

Zubereitung:

Alle Zutaten in den Shaker geben und mit viel Eis kräftig schütteln. In ein Highballglas oder wenn zur Hand stilecht in einen Tiki-Becker abgießen. Mit Crushed Ice bedecken.

Tipp:

Ein Cocktail der nach Schirmchen und Strohhalm verlangt.

Last Word

Der „Last Word" zählt zu den Klassikern unter den Gin-Cocktails. Er wurde im Jahre 1916 im Detroit Athletic Cup entwickelt.

Zutaten:

- 2 cl Dry Gin
- 2 cl Chartreuse Verte
- 2 cl Maraschino
- 2 cl Limettensaft

Zubereitung:

Alle Zutaten in einen Shaker mit Eis geben und gut shaken. Inhalt in eine gekühltes Glas geben und genießen.

Tipp:

Den „Last Word" trinkt man stilecht aus einer Coupette.

Bologna

Herber Cocktail, der italienische Dolce Vita ins Glas zaubert.

Zutaten:

- 2 cl Gin
- 2 cl Aperol
- 2 cl trockener Wermut

Zubereitung:

Alle Zutaten in einem Rührglas mit viel Eis verrühren und anschließend in eine Cocktailschale abgießen.

Tipp:

Ganz italienisch sein und auf jegliche Dekoration verzichten.

Long Island Ice Tea

Sieht aus wie Eistee, schmeckt fast ein wenig wie hochprozentiger Eistee, entfaltet aber eine ganz andere Wirkung als Eistee. Ein amerikanischer Klassiker!

Zutaten:

- 2 cl Gin
- 2 cl Wodka
- 2 cl weißer Rum
- 2 cl Triple Sec
- 2 cl Zuckersirup
- Cola
- Zitrone

Zubereitung:

Alle Zutaten außer der Cola in den Cocktailshaker füllen und zusammen mit viel Eis kräftig schütteln. Anschließend in ein Highballglas abseihen und mit Cola auffüllen.

Tipp:

Eine Scheibe Zitrone über dem Drink ausdrücken und hineinfallen lassen.

Hawaiian Orange Blossom

Angelehnt an den klassischen Orange Blossom, aber noch fruchtiger.

Zutaten:

- 5 cl Gin
- 5 cl Orangensaft
- 2 cl Ananassaft
- 1 cl Triple Sec
- 1 Spritzer Fleurs d'orange

Zubereitung:

Alle Zutaten in einen Cocktailshaker geben und diesen mit Eiswürfeln auffüllen. Gut schütteln und anschließend in eine Cocktailschale oder eine Coupeglas abseihen.

Tipp:

Dazu Elvis Presley - „Aloha from Hawaii" auflegen.

Pink Bubbles

Der „Pink Bubbles" macht seinem Namen alle Ehre. Seine pinke Farbgebung macht den süßen Cocktails zu einem Highlight Mädelsabend.

Zutaten:

- 4 cl Gin
- 4 cl Triple sec
- 3 cl Grenadine
- 3 cl Zuckersirup
- 2 cl Limettensaft
- etwas Ananassaft (frisch)

Zubereitung:

Ein paar Eiswürfel in einen Shaker geben. Zutaten hinzufügen und erneut gut schütteln. Inhalt in ein vorgekühltes Longdrinkglas geben und sofort genießen.

Tipp:

Crushed Ice nimmt dem Cocktail etwas von der Süße.

Floradora

Benannt nach einem flotten Broadway-Musical über eine Showgruppe aus dem Jahr 1900.

Zutaten:

- 4 cl Gin
- 2 cl Himbeerlikör
- 2 cl Limettensaft
- Ginger Ale

Zubereitung:

Den Gin zusammen mit dem Limettensaft, dem Himbeerlikör und ein paar Eiswürfeln in ein Highballglas geben und gut verrühren. Mit Ginger Ale auffüllen.

Tipp:

Für einen weniger starken Drink, kann der Likör durch Himbeersirup ersetzt werden.

New Orleans Fizz

Der New Orleans wurde 1890 Ramos Brüdern in New Orleans kreiert. Er wird deshalb auch manchmal Ramos Fizz genannt.

Zutaten:

- 5 cl Gin
- 3 cl Zitronensaft
- 1 cl Orangenlikör
- 1 Eiweiß
- 1 TL Zuckersirup
- Mineralwasser

Zubereitung:

Alle Zutaten außer des Mineralwassers in den Cocktailshaker geben und kräftig schütteln. Anschließend in ein hohes Glas abseihen. Mit Mineralwasser aufgießen. Zur Dekoration eignet sich eine Orangenscheibe.

Tipp:

Zu einem New Orleans Fizz reicht man am besten typische salzige Barsnacks wie Erdnüsse, Chips oder Salzstangen.

Bombay Crushed

Der Bombay Crushed hat seinem Namen nicht etwa von der indischen Metropole, sondern von der beliebten Gin-Marke Bombay Sapphire.

Zutaten:

- 6 cl Gin
- 2 cl Limettensaft
- 4 Kumquats
- 2 TL brauner Zucker

Zubereitung:

Die Kumquats halbieren und anschließend zusammen mit dem braunen Zucker in ein Glas geben. Die Früchte mit einem Stößel etwas zerdrücken. Das Glas mit Crushed Ice auffüllen. Den Gin und den Limettensaft hinzugießen an zum Schluss alles gut miteinander verrühren.

Tipp:

Wem der Bombay Crushed zu stark ist, der gibt mehr Eis hinzu oder entschärft ihn mit etwas Ginger Ale.

Boston Tea Party

Der nach dem berühmten Aufstand benannte Cocktail ist, sein wir ehrlich, eine offene Kriegserklärung an den Long Island Ice Tea.

Zutaten:

- 2 cl Gin
- 2 cl Wodka
- 2 cl heller Rum
- 1 cl Grand Marnier
- 1 cl Tia Maria
- 8 cl Sweet & Sour Sirup
- Cola

Zubereitung:

Alle Zutaten außer der Cola in den mit Eis gefüllten Cocktailshaker geben und solange schütteln bis sich obenauf etwas Schaum bildet. In ein Highballglas auf frisches Eis abseihen und mit der eiskalten Cola aufgießen. Zum Schluss vorsichtig umrühren.

Tipp:

Eine Scheibe Zitrone darüber ausdrücken und hineinfallen lassen.

Saketini

Martini auf japanisch. Er glänzt durch seine exotische frische und Schärfe!

Zutaten:

- 6 cl Gin
- 1 cl Sake

Zubereitung:

Die beiden Zutaten in einen Shaker geben und gut schütteln. In ein bereits gekühltes Martiniglas abseihen und gegebenenfalls mit einer Spirale aus Zitronenschale garnieren.

Tipp:

Der Sake, den es im Supermarkt zu kaufen gibt, ist häufig eher zum Kochen geeignet. Der Weg in den Asia-Laden lohnt also.

Alabama Slammer

Ein süßer Cocktail mit Sloe Gin.

Zutaten:

- 2 cl Sloe Gin
- 2 cl Amaretto
- 2 cl Southern Comfort
- 4 cl Orangensaft

Zubereitung:

Alle Zutaten mit reichlich Eis in den Cocktailshaker geben und gut schütteln. In ein Highballglas abseihen.

Tipp:

Für eine verschärfte Variante nimmt man Wodka statt Amaretto.

Lychee Martini

Eine letzte Martini-Variation.

Zutaten:

- 2,5 cl Gin
- 2,5 cl Zuckersirup
- 1 TL Litschisaft aus der Dose
- 1-2 Litschis aus der Dose

Zubereitung:

Den Gin, den Zuckersirup und den Litschisaft in den Shaker geben. Mit Eis auffüllen und gut schütteln. In ein gekühltes Martiniglas abseihen. Die Litschis hineinfallen lassen.

Tipp:

Frieren sie die Litschis ein, bevor sie sie in den Martini geben.

Florida Sling

Zum Abschluss noch eine Variante des Slings.

Zutaten:

- 4 cl Gin
- 2 cl Kirschlikör
- 2 cl Zitronensaft
- 4 cl Ananassaft
- Crushed Ice

Zubereitung:

Alle Zutaten in einen Cochtailshaker füllen und auf viel gründlich schütteln. Ein hohes Glas zur Hälfte mit Crushed Ice füllen und den Mix darauf abseihen.

Tipp:

Mit einer Maraschino-Kirsche garnieren.

Zum guten Schluss...

Ganz gleich, ob sie nun bereits das eigene Gin Start Up planen, eine Reise nach London auf den Spuren von Madame Geneva oder doch nur das Getränkeangebot für die nächste Party, die Lektüre dieses Buches hat sie hoffentlich neugierig gemacht auf den Gin in allen seinen Spielarten. Ich entlasse sie mit einem berühmten Bonmots der zweiten großen Martini-Verfechterin, neben James Bond, der New Yorker Society-Dame Dorothy Parker: „Ob ich mich amüsiere? Noch ein Martini und ich liege unterm Gastgeber!"

Und damit sind wir am Ende angekommen. Am Ende dieses Buches und am Ende unseres gemeinsamen Ausflugs in die Welt des Gins. Noch lange nicht am Ende ist hingegen die neue, dritte Blütezeit des Gins. Nach der Londoner Gin Craze des 18. Jahrhunderts und den wilden 1920er Jahren der Prohibitionszeit in den USA, erleben wir alle gerade ein weiteres Stück Gin-Geschichte hautnah mit. Sie haben nun alle Werkzeuge in der Hand, um das Beste daraus zu machen und mit den 80 teils klassischen, teils verspielten, teils luxuriösen Cocktailrezepten noch weitere Gin-Fans aus ihrem Bekannten- und Freundeskreis zu rekrutieren. Dabei wünsche ich ihnen viel Spaß und gutes Gelingen.

Ich möchte mich herzlich bedanken, dass sie sich bei der riesigen Auswahl von Büchern zum Thema Gin gerade für meines entschieden haben und hoffe, dass sie ihre nächste Cocktailparty nun gar nicht mehr erwarten können. Der Gin jedenfalls ist dabei ein wirklich vielseitiger Komplize.

Rechtliches

Impressum
Julius Edelmann wird vertreten durch:

Finn Dubbels
Hofweg 86
22085 Hamburg

Coverbilder:
MoreVector| [shutterstock.com]
bearbeitet von oliviaprodesign –fiverr.com

Haftung für externe Links
Das Buch enthält Links zu externen Webseiten Dritter, auf deren Inhalt der Autor keinen Einfluss hat. Deshalb kann für die Inhalte externer Inhalte keine Gewähr übernommen werden. Für die Inhalte der verlinkten Webseiten ist der jeweilige Anbieter oder Betreiber der Webseite verantwortlich. Die verlinkten Seiten wurden zum Zeitpunkt der Verlinkung auf mögliche Rechtsverstöße überprüft. Rechtswidrige Inhalte waren zum Zeitpunkt der Verlinkung nicht erkennbar. Eine permanente inhaltliche Kontrolle der verlinkten Webseiten ist jedoch ohne konkrete Anhaltspunkte einer Rechtsverletzung nicht zumutbar. Bei Bekanntwerden von Rechtsverletzungen werden derartige Links umgehend entfernt.